Pintura

Ramón Gómez de la Serna

Pintores

casimiro

casimiro [*casimoroa edulis*]

En cubierta: Eliseo Meifrén (1857-1940), *Autorretrato*

© Gladys Dalmau de Ghioldi

© Casimiro libros, Madrid, 2024
  Todos los derechos reservados
  www.casimirolibros.es

ISBN: 978-84-19524-24-9
Depósito legal: M-4091-2024

Hecho en Madrid

Índice

Santiago Rusiñol   7

Darío de Regoyos   17

Marc Chagall   27

Toulouse-Lautrec   37

Jacques Lipchitz   45

Juan Echevarría   51

Juan Gris   59

Salvador Dalí   71

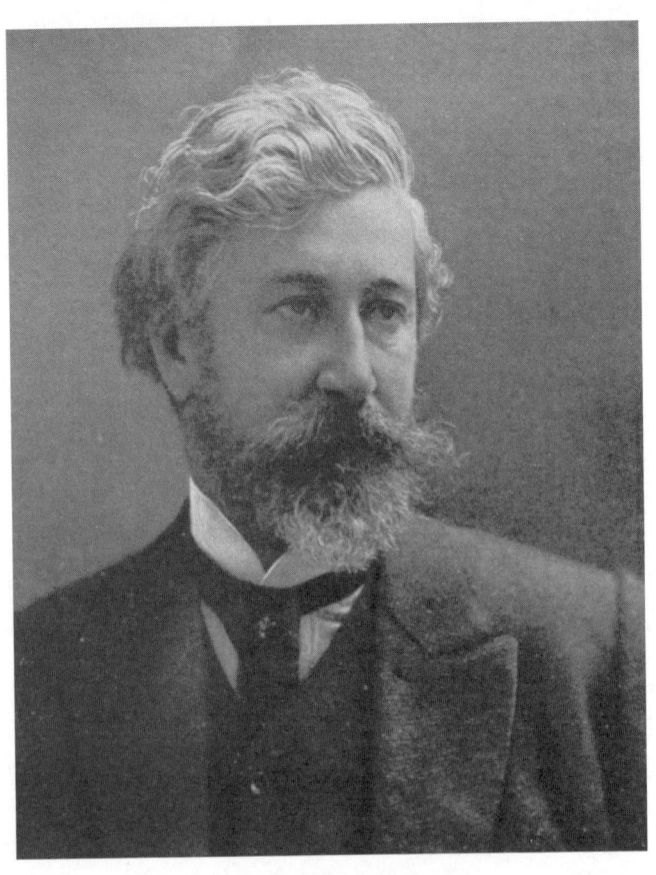

SANTIAGO RUSIÑOL

(Barcelona, 1861 - Aranjuez, 1931)

Retratado por Kaulak, c. 1906

SANTIAGO RUSIÑOL

Santiago Rusiñol era la simpatía con barbas, era el chambergo aerodinámico y el dolor bondadoso frente a la vida.

A través de los años le vi aparecer por las tertulias, llevando su pipa como un incensario encendido en honor de la vida.

Le vi en Barcelona, en Granada, en el concurso de *cante jondo*, allí donde pintó cármenes y gitanerías, yendo al Albaicín en un burro que compró por unos duros y que hacía el viaje montañero de aquellas cuestas, llevando encima al escritor y sus bártulos de pintar.

Le vi en Aranjuez, pintando los jardines que fueron la, disputa de los jurados y del público en las exposiciones nacionales de hace quince años.

Encontró la poesía de los cipreses, las tapias azules y blancas, los arriates como divanes para las musas de los jardines.

No podía ser más sencillo aquello, no podía merecer adustez crítica más que por la monotonía de su repetición, pero también el pintor tiene derecho a sus manías, y más si su manía es una manía poética.

Nos traía Rusiñol otoños a las primaveras y se veía que cada uno de sus cuadros había sido un rapto de amor largo en parques verdaderos, bautizados de pétalos de rosas deshojadas.

En exposiciones más remotas había pintado tipos extraños con verdadero atuendo de carácter, con un soplo de su alma original y animosa.

Pero como quien ha buscado un claustro, como trapense de jardines con cipreses, como si se fumase en la pipa las hojas caídas que los jardineros queman como sahumerio del otoño, Rusiñol pintaba jardines y jardines, y alguna vez una especie de capilla blanca en el fondo o algún arco como pura rogativa de arcos iris, de primaveras con sol.

Rusiñol había vivido todos los cafés del mundo y todas las posadas de los caminos, antes de residenciarse en claustro de cipreses.

Hay una breve autobiografía de él, de la que merece entresacarse algo para completar su biografía:

En el barrio de Ribera, calle de la Princesa, número 37, donde mi abuelo tenía instalado el despacho de su fábrica, nací, a mediados del año 1861 y fui el único de mis hermanos que vivió siempre a su lado. Al quedarme huérfano, siendo todavía un niño, me trató como si fuera mi padre.

Mi abuelo y su despacho son los personajes que me inspiraron mi comedia *Las aleluyas del señor Esteban*.

Mi abuelo, que era liberal, me dejaba ir por la calle en épocas de revueltas y motines, porque decía que viendo a las multitudes y oyendo los tiros, me hacía hombre. Sin embargo, no me dejaba ir a La Lonja, a aprender a dibujar, porque decía que aquello era ir contra el espíritu de "La Puntual"; de manera que, si satisfice mi afición al dibujo, fue sacrificando horas de descanso y diversiones, ya que no las podía distraer del despacho de mi abuelo.

La intransigencia de mi abuelo me privó de pintar, leer, escribir otros asuntos que no fuesen facturas, hasta que no se fue de este mundo.

El primer viaje lo hice en un carro de la fábrica, que guiaba un carretero de la casa. Junto íbamos Casas y yo. No llevábamos ni reloj ni calendario.

En diciembre de 1890 estrené mi primera obra teatral. Era el monólogo *L'home de l'orga* (*El hombre del órgano*), que lo representó Fontova, en el "Novedades".

En Sitges, escribí *La alegría que pasa*; pero no con el propósito de ser estrenada; mas, no obstante, después de publicada con música del maestro Morera, Adrian Gual quiso estrenarla en el desaparecido teatro "Lírico", en 1898. Como obtuviera éxito, me animé a escribir para el teatro. En 1904, la compañía Duse-Vitaliani estrenó en el "Novedades", traducido al italiano, *Libertad*. Al poco tiempo, la compañía del Teatro de la Comedia, de Madrid, la

9

estrenó, traducida por Benavente. A partir de este momento, me vi convertido en pintor, periodista, novelista y dramaturgo.

Luego estrené *El místico*, *El héroe*, que prohibieron a la segunda representación; *La fea*, que fracasó estrepitosamente y que, después, obtuvo grandes éxitos en Europa y América, hasta llegar a *La madre*, estrenada en 1907, uno de mis mayores éxitos; *Las aleluyas del señor Esteban* no encontraba empresario que quisiera llevarlo a las tablas, hasta que, al fin, en 1917, se estrenó en el teatro "Victoria"; después de centenaria pasó al "Novedades", después al "Romea".

Así, hasta llegar casi a un centenar de obras. Ha sido una labor de muchos años; pero, para mí, mucho más agradable que aquella que hacía en la oficina de "La Puntual", al lado de mi abuelo.

Rusiñol fue uno de los hombres que más se divirtieron en la vida, y su llegada entre nosotros, siempre era gozosa, como jadeando aún por lo que se había divertido por las calles de la llegada.

Había tenido un carro de la locura, con el que había recorrido las carreteras.

Se contaba de él que un día vio en un camino una verja y que pidió permiso al dueño de la casa para hacer un rato la fiera, y agarrándose a sus barrotes, comenzó a rugir como un león.

Acosado por las enfermedades, tuvo que ir a un sanatorio que se anunciaba como aquel en que solo se moría anualmente el dos por ciento de los enfermos. Rusiñol escribió al director rogándole que le avisase cuando hubiese muerto ese dos por ciento, para ir él a hacer su cura.

Era un triunfo del alma alegre sobre la naturaleza; pues le faltaba un pulmón, un riñón y tenía una hemiplejía que le hacía sonreír a la vida con un rictus conmovedor y coger difícilmente su pipa botafumeira.

Cuando le extrajeron el riñón, alguien le preguntó qué novedades tenía en su museo del Cau Ferrat, y Rusiñol, refiriéndose a los cálculos de su riñón, dijo: "Ahora colecciono mis piedras."

Temía a los médicos, y un día en que sufría un gran dolor y le anunciaron que iban a llamar a su médico para ver de curárselo, exclamó: "¡No, por Dios, que entonces serán dos dolores!" Por fin lo llamaron y cuando llegó dijo: "Díganle que no me encuentro bien y no puedo recibirlo."

De regreso de su viaje a América del Sur, Santiago Rusiñol relataba las incidencias de una cacería de cocodrilos, a la que con insistencia habíasele invitado, asegurándosele que los animales tenían las patas demasiado cortas para alcanzar a un ser humano. Llegaron a la ribera de un río; Santiago colocóse en lugar seguro y comenzó a pintar. El cocodrilo mostró su cara triangular., "¡Diablo!

–dijo Rusiñol a su guía–. ¿Está usted seguro de que tiene las patas cortas?"

Los toros –solía decir– no los entiendo. Cuando cortas tenía menos años, me gustaba ir a las corridas para alborotar. Gritaba: "¡Otro toro, otro toro!", sin venir a qué. Algo parecido a aquel espectador que llevó al tendido a un hijo pequeño y que empezó a pedir, muy excitado, banderillas de fuego. "Pero, ¿por qué? –le preguntaban–. ¡Si es un toro muy bravo!" "¡Qué tiene eso que ver! ¡Es que mi niño no las ha visto nunca!..."

El mismo reumatismo excitaba su verba : "Si este cochino reumatismo me traba los dedos, pintaré con las muñecas; si se me sube a la muñeca, pintaré con el brazo. Me dedicaré a pintar horizontes."

Como solía pintar al aire libre, en Granada, en Aranjuez y sus aledaños, se veía rodeado por un enjambre de chiquillos. Entonces, en lugar de molestarse, les daba pomos de colores y, al cabo de un instante, los muchachos quedaban embadurnados. A grandes gritos les llamaban sus madres, y el paisajista, al fin, podía trabajar con tranquilidad. Él sabía que los paletos no se paraban junto a su caballete para admirar sus cuadros, desde que un día le preguntó a uno:

– Qué ¿te gusta mi obra?

Y él contestó:

– Lo que me gusta es ver cómo aprieta usted esos tarricos y sale la palomina.

Con amigos pintores como él, recorrió España en pequeñas etapas, en carretas atestadas de quincalla. La broma consistía, en escoger una aldea bien pobre, bien mísera, como existen, por ejemplo, en Extremadura o en La Mancha, y congregar a la gente en la plaza a fuerza de batir el tambor y hacer sonar la trompeta. Las comadres se aproximaban, dispuestas a mercar cualquier chuchería :

– ¿Cuánto vale este botijo?

– Treinta pesetas.

– ¿Treinta pesetas? ¿Está usted loco? Eso no vale más de tres pesetas –nada.

– ¡Ah! ¿Le parece? Pues en ese caso, se lo doy por nada. Lléveselo, y esta cazuela de regalo.

Los paisanos pensaban: "He aquí unos extraños mercaderes..." "En la aldea siguiente –cuenta Rusiñol– la policía nos pedía nuestros papeles. Cuando se regala la mercadería, fácil es hacerse sospechoso a la policía."

Pero cuando llegó su fama de loco al delirio, fue una vez que comenzó a dar duros por dos pesetas. Todos creían que eran falsos y sólo cuando ya se retiraron del negocio comprendieron que eran verdaderos.

Otra vez, Rusiñol, su amigo Utrillo y otros más, habían alquilado la caseta de un aduanero en la entrada de una población importante. Santiago tocóse con la gorra de uniforme y comenzó a detener las carretas que llevaban algún cargamento de aceite, adoptando un severo porte.

– ¿Es aceite lo que llevas ahí?

– Indudablemente, señor, es aceite. Voy a pagar el impuesto.

– Guárdate muy bien de tal cosa. Como no estoy muy seguro de que sea aceite, prefiero dejarte pasar sin pagar.

– Pero... ¡usted mismo puede comprobarlo!...

– ¡Oh, no! Soy muy perezoso. Y, además... Pasa sin pagar... Voy a hacer más aún : toma para ti estas cinco pesetas de parte del gobierno.

El carretero se marchaba, haciéndose cruces.

En Aranjuez, donde solía ir todos los años, había compuesto un himno al puente colgante, que cantaba con sus amigos:

No hay en España
puente colgante
más elegante
que el de Aranjuez.
Fue construido
fue construido
el treinta y cuatro,
el treinta y cuatro,
o el treinta y tres...

También solía cantar:

En la villa de Aranjuez
nace Grediada... ¡Pardiez!

Nació en la Cabrera Vieja,
posada culta y añeja.

A los tres años cabales
ya lee a los inmortales.
Consiguió para Aranjuez
plantar cigarros de a diez

Como buen republicano
es austero y cortesano.
Es su único sostén
respirar aires de andén.
Y morirá, con cultura,
en su propia sepultura...

Aquel gran optimista de la vida necesitaba, sin embargo, superarse por medio de la morfina y el ajenjo.

Una vez quiso quitarse la morfina, y Bagaría fue su enfermero. Se fueron a Aranjuez. Bagaría le robó la jeringuilla y le amenazó con denunciar al que le despachase alguna toma más... Todo iba bien; pero Rusiñol apareció en el cuarto de Bagaría, pidiéndole un poco de morfina, porque, si no, se moría. Bagaría le dio *whisky*, pero después le fue más difícil quitarse del *whisky* que de la morfina.

Tomó el verde ajenjo hasta poco antes de morir. Iba todas las noches en Barcelona, al bar La Puñalada, y allí se sumergía en el glauco alcohol.

Su sonrisa de viejo se iluminaba como un farol, y se iba a casa cuando amanecía. Por fin, ya en las postrimeras, tuvo que guardar régimen, pero no pudiendo resistirlo, nos contaba que había comprado en una farmacia un aperitivo para curarse las ganas de comer.

Eso le mató.

Pero aún sonríe entre nosotros el autor de los cuadros en que el ajenjo verdea el paisaje y dilata las pupilas de la emoción, sin olvidar que también ensayó un sentimentalismo noble en esos libros, en que hay un humor catalán con toques de humor cervantino, y entre los que *La niña gorda* es para mí una obra maestra.

Texto escrito en 1920

DARÍO DE REGOYOS

Un pintor es un punto de vista biográfico muy interesante para un escritor.

Si lo ha conocido, si lo ha visto –a él además de su pintura–, tiene delante un personaje humano en pleno delirio por detener la muerte, por salvar con más o menos delirio lo que se mira cuando aún se tienen ojos y se goza de esa pequeña inmortalidad que es la contemplación.

Darío de Regoyos es un gran personaje que yo atisbé en mi adolescencia.

Ahora las obras del gran pintor que murió inconfeso y mártir son buscadas con gran interés y la crítica quiere reivindicarle.

Yo le vi pasar por el viejo café de Levante y fui de sus admiradores cuando aún no le admiraba casi nadie. Había visto cuadros suyos en algún estudio de Paris, y Gutiérrez Solana tenía colgadas en las paredes de su casa telas del pintor perseguido por la incomprensión y el hambre.

Recuerdo que me impresionó mucho su manera de pintar y viajar, no pudiendo olvidar aquella maleta especial

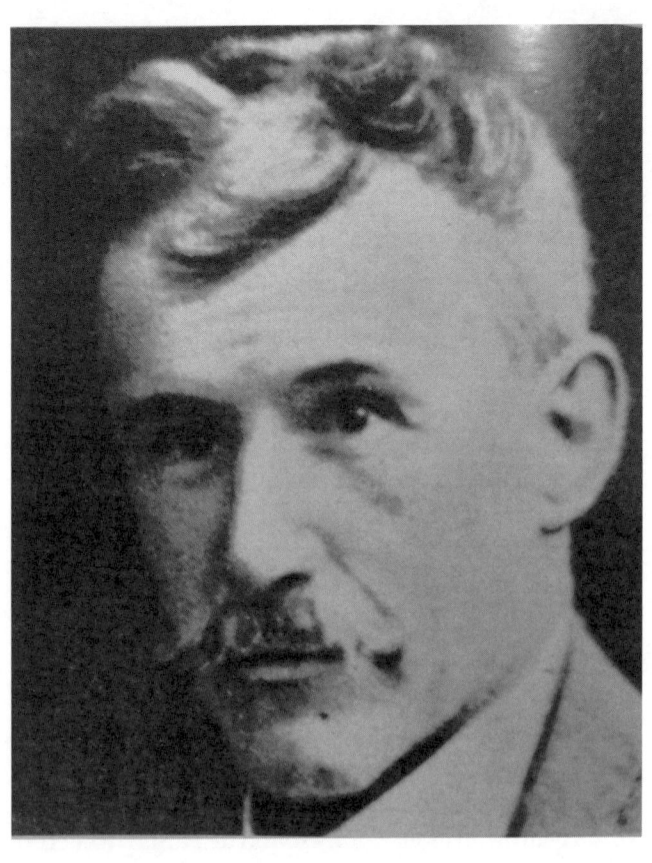

DARÍO DE REGOYOS
(Ribadesella, 1857 - Barcelona, 1913)

que se había mandado hacer y en la que metía hasta diez lienzos de 60 por 60 que llevaba a pulso hasta el hotel provinciano que había elegido para pasar una temporada de pintor huésped.

Le veíamos aparecer y desaparecer como si fuese un corredor de comercio, verdadero comisionista de calles, plazas y perspectivas. "¿Dónde se va ahora?", apenas alcanzaba uno a preguntarle en su noche de café entre dos viajes.

– Ahora me voy a Alicante... He encontrado un hotel muy bien situado frente a una plaza con palmeras...

Siempre había sido un excursionista. Su primer maestro, cuando a los veinte años apareció en Madrid dejando su asturiana Rivadesella –donde había nacido en 1857–, fue el paisajista Carlos de Haes, que llevaba a sus discípulos en merendola de paisistas hacia los panoramas más variados de los alrededores de la corte –un rincón del Jarama, un vericueto de Aranjuez–, siendo como el precursor de don Francisco Giner, que llevaba a poetas y filósofos hacia los paisajes de la sierra.

Don Carlos Haes fue un tipo inconfundible, con prestancia a lo Rubens, cosa que pudimos observar porque en los primeros años del siglo presidía la sala que tuvo en el Museo

Moderno su fotografía de rubio flamenco, con un gabán de corte inglés que solivantó a los petimetres de su época.

Aquel pintor que llegó a pintar diez mil paisajes –se debió quedar tuberculoso del esfuerzo– influyó mucho en Regoyos y le inculcó la idea sacerdotal del paisajista, haciéndole viajar hacia Bélgica, donde siempre se ha tenido acendrado culto al paisaje, brumoso y nítido al mismo tiempo, abiertos sus panoramas hacia remotos valles de ensoñación en plena vida.

Regoyos, sin dejar de asomarse a los paisajes de Francia –que salen de la rueca de sus grandes y maravillosos árboles–, se establece en Bruselas y forma parte del grupo de Ensor, que organiza exposiciones en que ve a Manet, Degas, Monet, Renoir y Pissarro.

El impresionismo paisajil, unido al puntillismo reciente, le despiertan hacia un mundo en que el color vibra en la luz rompiendo la vieja estática del cuadro.

El pintor de patillas más que de borla o de hacha, patillas de mandíbula, se las afeita y ya será un viajero de bigote en un rostro llano y perspicaz.

Es su hora de París junto a otro gran pintor español, Iturrino, al que algún día se le hará justicia y que también fue un mártir de aquella hora fría y difícil aunque augural.

Desde luego, en ese París del año noventa y tantos fijó su vocación dramática.

Pintaría ya hasta la muerte como Dios le había revelado que tenía que pintar, pasase lo que pasase, tuviese que soportar las privaciones más negras.

Darío de Regoyos pintaba un cuadro como si hiciese una demostración misteriosa y evidente de la realidad superdelatada.

No era una *mancha* lo que lograba en la tela, sino una revelación, un milagro de perpetuidad del instante que aunque pase a pesar de los cuadros, también resulta que a pesar de que pase, queda reticente y cintileante en ellos.

En una escapada al París brumoso, pero justiciero –en cuyo laboratorio se ve bien el más allá de las artes y las letras–, hace un viaje por España con el poeta belga Emilio Verhaeren y entre los dos componen ese libro que muy pocos hemos tenido en las manos y que se tituló *La España Negra*,* modelo de interpretación del espíritu tragicómico español y en el que el asturiano ladino y sagaz oye las sorpresas del flamenco extranjero y encuentra así la clave de muchos claroscuros de España.

El gran poeta belga se asombra de muchas cosas, las comprende y gusta de ellas, pero macabras le parecen.

Asi, a los conductores de tranvías les que preguntaba con su facha de ferroviario con bigote y barba caídos: "¿Por dónde se va a la funeraria?"

Darío de Regoyos está formado, pertrechado, dispuesto a todo. Pinta paisajes y calles, pero tiende hacia los Pirineos, porque allí se inició en la pintura, entrando sin perder su transparencia en la veladura húmeda que se le

* Véase, Darío de Regoyos, *La España negra*, casimiro, Madrid, 2013 y Émile Verhaeren, *Impressions d'Espagne*, casimiro, Madrid, 2017.

manifiesta mejor que en ningún sitio y enternece más los verdes y los grises.

Es hombre de café de artistas –¡qué ideal catafalco la mesa de billar!– y va vendiendo cuadros –esqueletos de árboles y despertares de primavera.

A los más independientes, a los extranjeros de su genio que llevan su maraña personal en las entrañas, los va dejando París moribundos y en la calle.

Darío de Regoyos, que tiene ya mujer e hijos, va y viene con sus cuadros bajo la lluvia, bajo el sol de justicia o bajo la nieve, y gracias a sus cuadros bien administrados –retal a retal– vive y hace vivir a los suyos.

Pero París no acaba de abrirse a este extranjero sensato, de talla física mediana, y entonces Darío opta por trasladarse al país vasco, donde él mismo confiesa que reaguzó más su vocación de pintor como si sutilizase su paleta, ese olfato de musgo y marisco que tiene su más fina percepción ente los caseríos y los campos de Vasconia.

Regoyos posee ya firme el genio de la captación y es cuando se establece en Madrid y desde el punto central sale en numerosos viajes a la periferia.

No le comprenden. Hay una crítica negativa que firma un crítico fotográfico y de procedencia prócer, el señor Cánovas, que merece ser transcrita porque es reveladora de la incomprensión del 1904. Dice: "Es altamente injusto desechar ninguna obra, absolutamente ninguna, por descabellada y monstruosa que resulte, después de admitir, colocar en sitio preferente, tomar en serio y hasta *aplaudir*, como ha hecho cierto ilustrado y competentísimo crítico, las obras para mí incomprensibles del señor don Darío de Regoyos. He tenido el honor de acompañar a mucha gente en sus visitas a la Exposición, y todos, al llegar a *La hora pálida* y sus compañeras, se me han quedado mirando y preguntándome: "¡Qué es eso!"… Al principio cree el público que se trata de alguna broma, y lo toma a risa; pero, ante la formalidad con que yo advierto que se trata, si no de una escuela, de un acreditado *parti-pris*, que el autor está premiado en Berlín y Ámsterdam, y que algunos gustan del género, el asombro no tiene límites. Figúrense ustedes el pasmo que se apoderaría de un padre que viera colocar en una Exposición los mamarrachos emborronados por su chico, a los seis años, sin la más remota idea del dibujo, sin forma, ni medias tintas, ni color ni nada: la fantasía y una mano torpe que traduzca sus delirios.

Porque eso son, para cuantos no somos superhombres, las composiciones, maravillosas sin duda, del señor Regoyos. Antes que lamentar la senda que sigue este pintor lamento la torpeza que me impide comprenderlo. No sé criticarlo. Empiezo por no darme cuenta de que tales cosas sean pintura. Y persistiré en mi error hasta que no se me demuestre que los manotazos desacordes que da una criatura sobre el teclado de un piano son armonía y música, y que los garabatos informes y retorcidos que preceden a la escritura de palotes son planas *con mayor espí-ritu*, por la ingenuidad y la torpeza de expresión, que las mejores de Iturzaeta."

Ha llegado la hora del café de Levante, cuando Solana le trata como a su maestro, cuando nos asomamos a su maleta con el políptico escondido, cuando nos lo encontramos en algún viaje junto a una tapia, con el caballete montado como una lámina blindada de ametralladora, tocado con una boina y sufriendo, como las moscas una torta, la expectación de cuarenta chiquillos que impacientan sus pinceladas.

El personaje dramático está en su epílogo, un poco envejecido –como albañil que ha levantado muchas casas–, pero siempre animoso y diciendo: "¡Vamos allá!"

– ¿Adónde se va usted ahora?

– A Córdoba. El sol aprieta y quiero pintar un jardín de frailes que estará precioso, deslumbrador, como imposible de ser pintado...

Siente como una misión el salvar el sol y la sombra de su tiempo, con prisa por perennizarlo todo antes de que desaparezca la manera de haber caído los dados, pintando el azar pintoresco y la coincidencia de detalles que pronto no estarán distribuidos así.

Elige con gran dilección los parajes y las escenas y se ve –se verá siempre– que esa composición de la diligencia segoviana en el Azoguejo es un espectro de situación exhumado al entierro de todo por el tiempo.

24

Darío de Regoyos ya está un poco fatigado, vive muy modestamente en las afueras de Madrid y un día nos enteramos consternados que ha muerto en Barcelona, en una de sus vacaciones felices.

Pese a su muerte, sus procesiones están en movimiento, el mar se debate en las zurriolas de sus marinas, el maíz de sus paisajes de Asturias se repeluzna con el viento, toda su obra está alzada ante el morirás que sopla en la vida.

Todos los que creímos en él esperamos la reposición.

Pasan unos años y se desentierra su obra en una luz vívida.

Su inteligente hija presenta en el Museo de Arte Moderno una exposición de su padre. Viene todas las tardes de la casita del barrio de la Prosperidad donde vive con su madre y sus hermanos, para abrir y clausurar la Exposición del padre viajero y lleno de fe.

Mo se me olvidará el aire veraniego de aquellos días ni esa muchacha vivaracha, vestida de blanco y con una sombrilla blanca, que sabía decir palabras de artista ante los paisajes y los apuntes del gran pintor desaparecido.

El director del Museo del Prado, hijo de otro paisajista célebre, tomó con todo interés la protección y animación de aquellos cuadros en que palpitaba el anhelo y la reencarnación del pintor asomado a tantas ventanas de hotel y de posada en su largo éxodo.

Don Aureliano Beruete, con su figura velazqueña de Felipe IV se traslada de su despacho del Museo del Prado a esa salita en que hay unos cuadros que no han merecido aún todas las bendiciones del tiempo que necesitan los cuadros para su canonización en las pinacotecas.

Esto sucede tarde tras tarde al correr del optimista junio madrileño y de ese visiteo brota un idilio y pronto la hija del pintor Regoyos es la esposa del gallardo caballero –que ha recibido en herencia Goyas, algún Velázquez y varios Carreños, además de un buen pasar–, y como el tiempo camina más deprisa de lo que parece, después de los viajes a Paris y de vivir unos años en un piso optimista y lleno de joyas de arte, muere Aureliano Beruete, y la viuda guarda el recuerdo del esposo junto al recuerdo de su padre, el artista errante que la puso en camino de una suerte segura con dichosa y perdurable herencia. ¡Él, el desheredado!

Así es la historia de ese personaje dramático y valiente que es un pintor bueno.

Su carátula tiene que ver con sus cuadros porque hasta el paisaje es circunstancial y caratulesco, verdadera mascara del pintor genial

Texto escrito en 1945

MARCOS CHAGALL

No sé por qué falta en mis biografías almacenadas en el diccionario de mi obra la de ese panadero alegre y admirable del Arte que se llama Marcos Chagall.

Quizás creía haberla hecho, quizás esperaba mejores días para hacerla, quizás contaba con su benevolente rostro siempre ajeno al requerimiento.

Me decía a mí mismo : "Ni le importa ni se impacienta. Lo conozco bien."

Es el pianista alegre de la *boîte rusa* –encendida en la noche de aquí y de allá–, que también canta y hasta baila ese baile de ponerse y quitarse las botas largas sin sentarse en el escalón del aire, en cuclillas estiradas mientras dura la contradanza.

Chagall ha tenido amor al arte, pero ninguna prisa, y ha mantenido su dichoso hogar a través de todas las peripecias, c on su mujer y su hija siempre a su vera.

Pelo crespo y rizadillo, con melena que no se alicae en el vuelo de sus tufos, pincelea en ráfagas y pinta sus cuadros verticales como si fuesen techos planeantes y plafo-

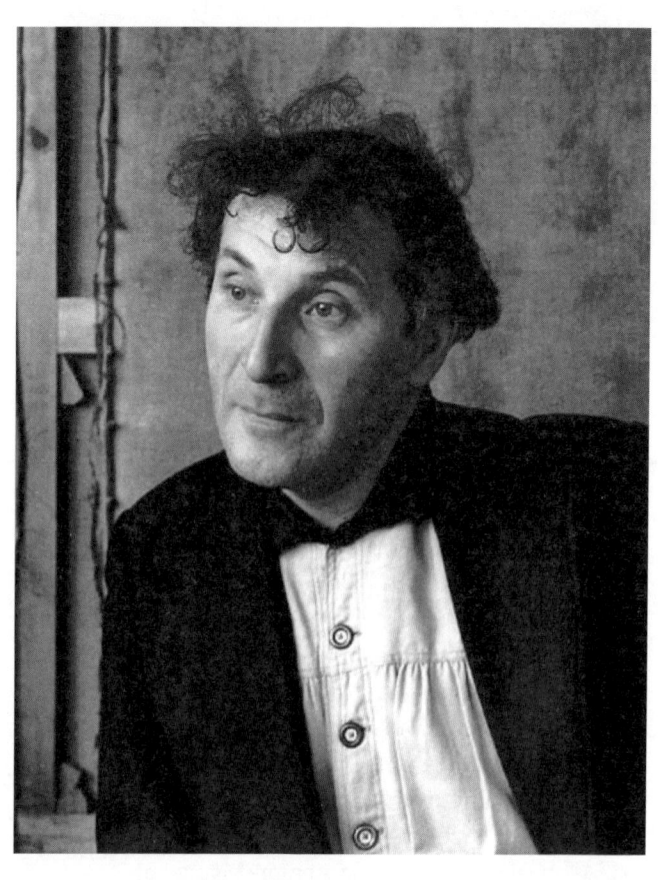

MARC CHAGALL
(Liozna, Bielorrusia, 1887 - Saint-Paul-de-Vence, 1985)
Retratado en 1934

narios. No se coloca frente a un lienzo vertical, sino ante un lienzo colocado en lo alto, como si pintase la tela de la cometa estacionada en su vuelo.

Desde el confuso amanecer de las nuevas maneras del Arte, después de abandonar sus cansadas formas, figura en su precursión este ser de hombre raro que frente a los *fauves* –las fieras– es el chacal de la pintura moderna, el chacal corderil, pero el chacal como superación.

La historia de Chagall es breve. Nace al comenzar el último decenio del xiv en Vitebsk, pequeño pueblo de la Rusia blanca, donde su padre es el "Sacrificador" de la Sinagoga, el que mata los animales comestibles como sin matarlos, con bula para su crimen; espectáculo que le impresiona mucho y le hará ver en su vida de niño y después en su vida de pintor, vacas que ascienden al cielo, como si el cuchillo las liberase y les diera oportunidad para la evasión. Como era tradicional ese oficio en la familia, se acuerda de haber visto en los patios de Casa de su abuelo "pieles suspendidas de la cuerda, como la ropa blanca puesta a secar".

El día del gran perdón es el que más entusiasma su vida y salta de tejado a tejado como sonambúlico en la absolución.

Esa época de su niñez viendo pasar caravanas de mendigos, fiesta de tornaboda, reuniones de ancianos barbudos "que todos parecen santos", es lo que superpondrá a lo que vaya pintando.

Un diputado de la Duma se interesa por su arte y logra que vaya a París, adonde llega en 1910, veinteañero, enamorándose del ambiente pictórico de gran exposición que hay en París.

Sorprende su pintura de pañuelos, de tapaderas de cofres de madera, de iconostasios rusos, todo desprendido de su centro como si las aleluyas volasen recortadas.

El realismo europeo le desespera y no admite ni al naturalista ni al abstracto. Él hace otra cosa: "el inesperadismo", algo así como la resurrección de todo en una anticipación del día de la Resurrección, pues como superando a su padre "el sacrificador", él sabe que muere lo que se pinta y lo da ya en ascensión para que viva de un modo inmortal, en levitación definitiva.

Apollinaire, el gran comprendedor, ve su pintura y exclama: "¡Sobrenatural!"

Chagall cuenta en la historia de su vida que, al día siguiente, Apollinaire le escribió una carta entusiasta y le envió dedicado su poema "Rotsoge".

En 1914 va a Berlín, expone allí sus cuadros y le nombran influyente nº 1 en el expresionismo. Chagall renuncia y se dirige a Rusia, donde se casa con Bella, que era su prometida desde los seis años. Él ha dicho de su mujer después: "Toda vestida de blanco o toda vestida de negro, sobrevolaba hacía mucho tiempo a través de mis lienzos, guiando mi arte. Yo no acabo ni un cuadro ni un grabado sin pedirle su "sí" o su "no". (Pronto aparece su hija Ida.)

Chagall realiza en 1919 las pinturas murales del teatro Yidish, de Moscú, pero después nota que Rusia no le necesita ni le acaba de comprender y vuelve a París, estableciéndose allí definitivamente en 1922.

No quería ver la destrucción de la ingenuidad religiosa de la vida, que es lo que menos merece morir de lo que muere, y se dedica a dar limosnas a las cosas, a los animales y a las personas, regalándolas su puro azul y los más exquisitos helados de nieve.

La hija es ya una niña preciosa y gallarda que publican desmida las revistas de Arte. Están orgullosos los padres de su sueño hecho verdad –como otros sueños rusos esparcidos por el mundo son la bella hija de Kuprin y la bella hija de Chaliapin.

Por entonces le conozco yo y le veo pintando apariciones en su casa, donde la cocina vive en los cuadros con sus azulejos, sus hules y su aporcelanada candidez. "El misticismo coloreado de Chagall", como lo ha clasificado Maurice Raynal, prospera lejos de todo profesionalismo.

Los críticos, sin embargo, no han pronunciado respecto a él y su arte la palabra asiático, cuando se cuela en su obra un vientecillo o *venticello* que viene de allí lejos donde ya estaba en los papeles chinos hechos de neblina, representado por seres y sombras de árboles y cigüeñas tan flotantes como los de Chagall, y también si se miran los biombos y los tapices de seda y las esterillas colgantes observaremos esos seres y esas casas y esos puentes, alados sin alas, todos en suspensión extraña.

Raïssa Maritain, en su interesante estudio sobre Chagall, dice a propósito de esos seres que son como ludiones flotantes: "lo pasaban tan mal aquí abajo que siempre están en el aire, en las nubes".

En sus vacas blancas, de mirada sabia, sentadas en la acera, está también la devoción asiática por la vaca.

Circos, casa de madera, enamorados que se besan como los peces en las peceras, ramos de flores con parejas escondidas entre sus rosas, todo está pintado con notas de acordeón, como si fuese uno de esos tocadores locos que se pasean solos por las calles subiendo y bajando su instrumento, haciendo relámpagos con él.

No se le preguntaba cuándo había visto aquello ni qué significaba, pues se veía claramente lo que fue, qué itinerario o qué éxodo representaba, que melancólica disipación moría en la imagen, qué alegría casera traducía el momento en que el mortero había sonado más alegremente.

Todo se mezclaba en él: elementos de vidrieras de catedral escapados a su emplome, caballos blancos puestos de manos y en las manos el árbol de Noel de su pascua equina, violinistas de los caminos llevados a la gloria, coronas a las que dieron un puntapié las losas, animales de fábula actuando como seres humanos, elegidos muy bien los colores para todas esas cosas como por un tintorero optimista.

Mientras oía y sonreía pintaba un cuadro.

A su alrededor soplaban las coqueterías efímeras de la vida y él, en el entretanto, las elevaba y ponía por encima de las cabezas de chorlito sus cuadros aviónicos remontando los tejados, como velas de desvarío arrancadas por el viento de la inspiración al barco varado.

No daba explicaciones, mostraba el lienzo levantado por el ciclón, conducido al Paraíso por su propio impulso, por su aeromodelismo bien logrado.

Eran reliquias de sueños, de recuerdos vagorosos, de pensamientos mientras había estado solo sentado en las plazas desoladas de la vida, en los rincones más solitarios de los jardines públicos.

Chagall, en medio de su cubismo, era el hombre bueno, el amigable componedor, el testigo en el juicio de conciliación.

– ¡Que llamen a Chagall!

– ¡Que venga Chagall!

Chirico era otro buen testigo, pero era más riguroso, menos condescendiente, hombre de pocos amigos, sobrio y rotundo en su decir y que pareciendo ir a arreglar la cuestión resultaba que, poseído por la ira de su gran proeza de precursor, la enconaba en definitiva.

Sólo Chagall dulcificaba la polémica y lograba una consecuencia fiel entre los dos credos en disputa, enlazando sus iniciales en un vaso de flores.

Cuando aparecía en las tertulias de los pisos altos con su comprensiva mujer de ojos ardientes, había un sosiego cierto y se encalmaba la posibilidad del nuevo arte.

A través de nuestra diferencia de lengua y de nacionalidad nos entendíamos perfectamente.

Así había pasado en París, así hubiera pasado en Rusia o Italia, así pasaba en Madrid cuando se sentó a mi vera en las noches de Pombo.

Todos veían que Chagall era una clave segura, un punto de coincidencia de todos.

Ahí estaba él con su blusa de monaguillo del arte, con su melena crespa y rizada –como ondulada en pequeñas anilladuras por un viento árabe–, junto a los potes llenos de pinceles como espigas florecientes del arte, mezclando colores en su gran paleta y pintando anunciaciones de la realidad, duendecillos humanos, animales domésticos con ojos de personas, árboles o ramos de flores con nidos de enamorados.

Todo marchaba ya bien después de tan larga lucha, cuando de nuevo en una misma vida, en un mismo destino, antes de que hubiera llegado el triunfo, que ya venía con sus brazadas de laurel, una segunda guerra apareció y cubrió el cielo de más negruras que nunca.

Chagall pudo ganar por suerte la otra ribera y en Nueva York, desde entonces, hace exposiciones y monta de nuevo su *ballet* Aleko, en el que árboles, isbas y mujeres tienen tonalidades violetas y los naipes populares se cosen a los vestidos y son condecoración de la Naturaleza.

Chagall sólo siente no poder ir a aquel cementerio de su aldea –del que uno de sus mejores cuadros es recuerdo perenne–, donde periódicamente ofrecía a su madre su alma y su obra.

Pinta Cristos y ángeles –ángeles de dos colores, alguno con alas rojo y gualda como la bandera española– y también pinta ciudades incendiadas sobre las que está Dios y sus ángeles, pues el Supremo Hacedor quiere dejar su responsabilidad a los hombres, sin abandonar por eso a los supervivientes y a los arrepentidos. En uno de sus Cristos ha querido representar al único. que ha compadecido a los judíos perseguidos, y en el cuadro que representa el descendimiento de la Cruz hay un discípulo, entre los que ayudan a posar en tierra al Señor, que tiene cabeza de pájaro, como en recuerdo de las golondrinas piadosas y de los hombres inocentes.

Chagall ha llegado a su última etapa de catequización, convirtiéndose en el iluminado, pero le salvará de toda demencia el que seguirá sonriendo con la bondad con que le he visto sonreír siempre –como si uno de los hermanos Marx, el del arpa, el que no sonríe nunca, se llenase de risa–, con sonrisa del escampar, pues Chagall ha llorado mucho por afición en su oratorio reservado y oscuro.

Texto escrito en 1945

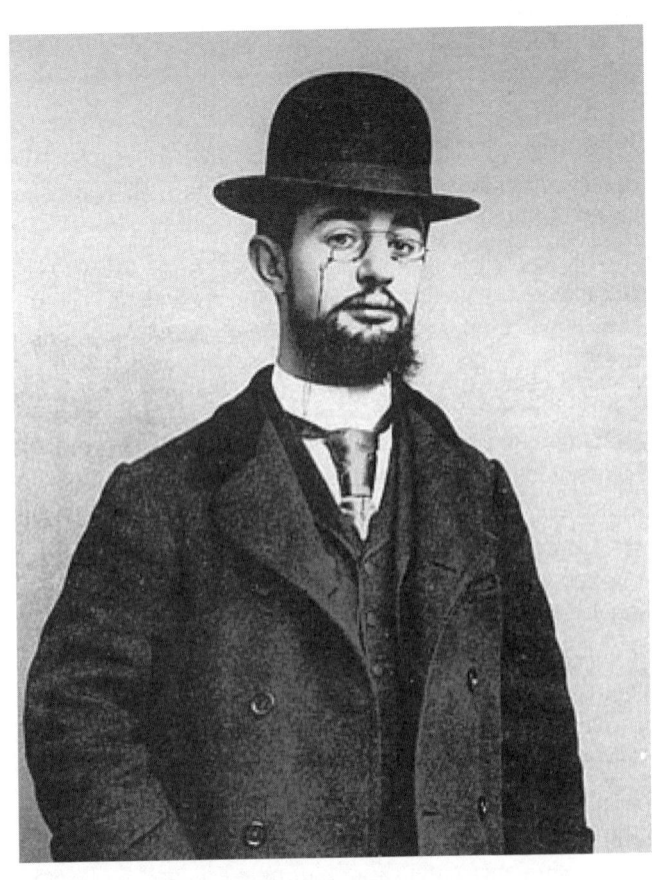

Henri de Toulouse-Lautrec
(Albi, 1864 - Saint-André-du-Bois, 1901)
Retratado en 1894

TOULOUSE-LAUTREC

Unos artistas de categoría aparte cumplen la misión de liberar al arte. Son como escritores de la palabra, como taquigrafiadores de lo que los otros plasman con más paciencia.

Estos artistas son los dibujantes. Yo siempre los he querido a mi lado. Ellos siempre estuvieron al lado de los innovadores y sirvieron a la propaganda...

Hay un dibujante que no llega a destacarse lo bastante en los orígenes de las maneras modernas y que, sin embargo, ha influido definitivamente en el porvenir: Henry de Toulouse-Lautrec. Es un artista menor, si se le clasifica con el clasificador oficial; pero atisba la despenada verdad de la vida como como casi ningún otro. De cuando en cuando se cita su nombre; pero muchas veces se le olvida entre los precursores.

Hijo de un padre aficionado a la pintura, pudo recibir su afición, trasladándose a París en 1883. Iba con el deseo entusiasta de elevarse y de crecer sobre sí mismo, porque Lautrec era enano. Esto de su enanismo lo va guardando la crítica de por vida. Todos evitan que se sepa, y así, si no se supiese el día de la resurrección de los muertos, cuando buscásemos a Toulouse-Lautrec para saludarle, no le querríamos reconocer en jibajo y nos reiríamos del falsario, porque gran falsedad suya de todos modos resultaría el ocultar su pequeñez, cuando él se debía a sí mismo la gran verdad. ¿Qué artistas habrán sido deformes y no lo sabemos? En el primer paso hacia el arte de la pintura influye mucho la imposibilidad de dedicarse a otras cosas y el deseo de merecer una grande admiración que mejore la figura, que no puede cubrirse de la elegancia mundana que la perfeccione, que la presente erguida y orgullosa en la imaginación de todos.

Este gran hombre, que fue un enano, resulta más gran hombre aun sobre el pedestal de su alta silla de niño, sobre la que se engalgaba para alcanzar a su pupitre de dibujante.

Hombre de barba y de gran cabeza, hubiera engañado a la posteridad si no hubiese habido ese soplo inevitable de la verdad. Le vemos por eso más desesperado buscando la originalidad para merecer hasta esa sonrisa de las mujeres que en París, sin dejar de ser jóvenes, bonitas y sin impertinencia, comprenden al artista, por feo que sea.

El grotesco que adquiere Lautrec, enano, y loco más tarde, es el grotesco del genio. Nos explicamos así más y mejor su locura y esa muerte temprana en el castillo de Albi. ¿No moriría envenenándose?

Lautrec estudió en el *atelier* de Carmón, al que ha inmortalizado, extrañándonos ya la primera vez que vimos aquel cuadro que pusiese en él como lema *Carmón y sus discípulos*, habiendo sólo uno, que no era Lautrec, con el maestro ¿Cómo sus discípulos? ¿Y el otro? Al saber el defecto del gran pintor nos explicamos esa ausencia de su autorretrato, y cómo sugiere una idea trascendental metiendo en el cuadro esa presencia suya que ha quedado muerta y enfrente de la vida.

El triunfo espiritual sobre la muerte lo he visto conseguido más que nada en ese estar y no estar en un cuadro plural y singular. Él estaba enfrente el día en que pintaba, el día en que tenía el caballete precisamente de espalda a ellos, y, por tanto, no podían estar solos ellos dos. Hubiera mentido si no hubiera dicho que estaban los tres.

El problema de la cuarta dimensión en que se está después de la muerte, como si ése fuese un espacio verdadero, queda planteado en ese cuadro. él siempre habrá estado y estará sugerido de este lado del cuadro, en un espacio real, perfectamente real, absolutamente real, pero que no es el nuestro. Es el espacio en el mundo de aquel día en que pintó el cuadro, aunque nosotros lo podamos ver desde nuestro otro día.

Lautrec tenía una voz de enano, estrafalaria, desproporcionada como todo él, aguda como la de un niño, y a la vez estridente como la de un hombre de gran cabezota. Acompañaba siempre su voz con ademanes de muñeco de feria, ese muñeco empotrado en la embocadura de las barracas, y en el que se mete la cabeza un hombre moviendo descompasadamente brazos y piernas para hacer ver que es un gnomo vivo.

¿Qué influyó en él? Hay hombres que se puede decir que no reciben influencia de nadie, porque vencieron la influencia y la merecieron. Quizá Degas influyó en él, ese Degas en el que cada vez veo más lo que tiene de hombre sesudo, de espíritu antiguo, aunque joven de procedimiento y que fuera de la fotografía que hace más deshecha su pintura de lo que es en realidad, ante sus cuadros se ve que cuando no se sabe arrancar del lienzo lo recarga, porque tiende a un final acabado. El éxito quizá le marcó su camino más que una verdadera determinación espiritual.

Toulouse, que se emplea en obras más de bagatela, tiene completa seguridad en lo que desea.

Sus retratos de Bruant pintan perfectamente a ese dueño de cabaret, opulento, desafiador de gracia, burlón, sin ninguna censura en su taberna de Montmartre. ¿Qué ha dicho de nosotros en un *argot* incomprensible todas las veces que hemos ido a verle? Algo muy gracioso y terrible ha debido ser, porque siempre nos han mirado los asistentes con piedad y con alegría.

Lo que se asoma al espíritu de los demás de cada fisonomía, lo más singular de cada expresión, es lo que buscaba y lo que encontraba Toulouse-Lautrec. Así se encaran con nosotros como supervivientes sus figuras, sus *clownesas* –así parecen condesas en vez de payasas– sus bailarinas del *Moulin Rouge* y, sobre todo, la Yvette Guilbert, que hemos conocido con sus guantes negros siempre y su aguda expresión de fina dardeadora desde las candilejas.

En el techo de mi despacho, antes de colocar las redondas y brillantes estrellas de mi cielo emponzoñadas de tan viva luz sideral, he tenido clavado uno de esos carteles de Lautrec arrancado a la valla de París, costroso de engrudo, embadurnado de miradas canallas.

Sus carteles provocaban la obsesión. Todos los que aparecían en ellos mostraban toda su máscara, lo que en la expresión es verdadera e insólita máscara. Su deber de galantorería para con las mujeres no era el de los guapos, pues él les debía lo que en ellas es caricatura sin ser caricatura, lo que ellas descontentas siempre de la belleza que tanto les alaban, saben que llevan debajo y que les sale en el alba o hasta dentro del mismo engaño de la fiesta cuando se miran de verdad en los espejos de la noche, por brillantes y aderezados de aderezos que estén.

En caballos de circo fue Lautrec el maestro, pues su primera infancia de artista se la pasó dibujando y pintando caballos, domándolos para el arte, que es quizá lo más difícil que puede hacerse. Así, el cartel de Luna Barrison sacando su caballo blanco a la pista, seguida del domador de ella y del caballo, es de lo más importante que ha hecho el gran enano.

Los tipos excéntricos, los tocadores de los acordeones largos como serpientes o como laringes de jirafas, los que bailan sobre las mesas, como aquel negro que se titulaba Chocolate, los que matan después de bailar, las que tienen una elegancia rancia y falsa que jamás ha sido modo de *soirée* y, sin embargo, es lucida en la gran *soirée* de los teatros; los *clowns* como mujeres y las mujeres como *clowns*, todo eso lo vio Lautrec como nadie.

Tanto amaba el circo, que cuando lo encierran en una clínica dibuja su célebre album *El Circo*.

La noche de París la recogió como un cazador de mariposas desde la oscuridad de su alma. Fue la cabeza de metal con rostro de hombre en que guardan las rodillas los mozos de restaurantes, una cabeza de esas como aquella que vio Villiers la noche en que cenó con el verdugo de París. Lautrec, casi sin cuerpo, fue una de esas cabezas en el reservado de los grandes restaurantes de antaño, y vio con desinterés humano toda la grotesca verdad de la galantería.

Degenerado en contraste con su genio, con los labios gruesos y violados como llenos de mosto agrio en vez de sangre, casi miope, con unos lentes de largas y gruesas cintas que hacían más patente su cabeza viviendo frente a un cementerio, cosa que no es rara sabiendo que en París hay cementerios que se han ido quedando dentro de sus barrios principales, su alma tenía una desesperación sorda, enconada, sarcástica, y un día dio la carcajada final, el *¡Ja!... ¡Ja!... ¡Ja!...* definitivo y genial frente a la claridad del gran golpe de magnesio con que se anuncia la aparición del gran espejo espacial de la locura.

Texto escrito en 1920

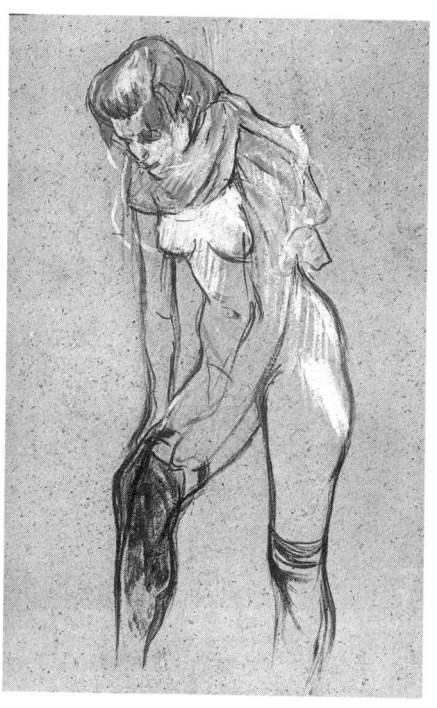

Henri de Toulouse-Lautrec, *Mujer subiéndose la media*, 1894
Musée Toulouse-Lautrec, Albi

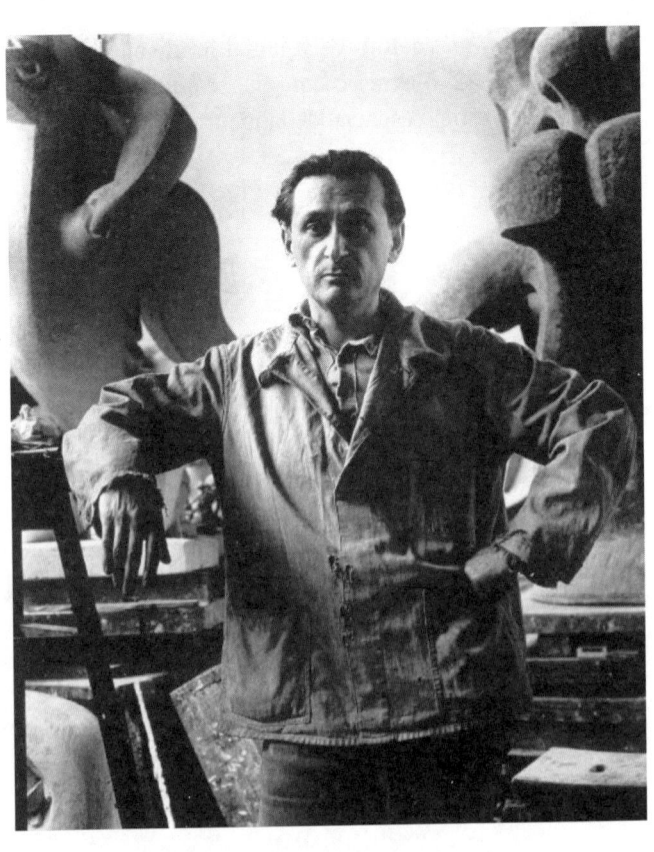

JACQUES LIPCHITZ
(Druskininkai, 1891 - Capri, 1973)
Retratado en 1935

44

LIPCHITZ

Este hombre genial, que es ruso y se llama Lipchitz, ¿a qué se parece? Tiene su rostro una belleza varonil y exótica, y lo que es muy raro, bajo eso hay unos rasgos de araña vieja. Tiene una palidez de recién resucitado. Toda su fisonomía es de una gran finura espiritual, y parece que nació príncipe, *último príncipe*, y ya no lo es, aunque resultara siempre el representante incógnito y único de la casa Lipchitz, la más gastada del mundo, la que comenzó en Egipto, y desde entonces se ha ido puliendo, seleccionando, limándose hasta llegar a este tipo final.

Lipchitz es de una bondad y de una inteligencia inagotables. Por España pasó como el emigrado, que sólo por unos días, los días de su forzosa emigración, entró en un país extraño y en sitios modestos que no le podían esperar, no habiendo soñado nunca con gloria tan excesiva.

Allí lo comprendió todo, pero necesitó irse de nuevo a París. Allí le vi otra vez.

No olvidaré aquella casita de París, iluminada por un quinqué de pantalla de larga visera, donde Lipchitz estaba reunido entre cachivaches extraordinarios, con una bella escritora rusa, hecha para él como idealmente, mujer de una voz dulcísima que saludaba y despedía de un modo inefable.

Junto a aquella casita, en el mismo patio –un patio lóbrego que quizá se parecía a los patios de Rusia–, estaba la capilla de la casa, el estudio de planta baja de los escultores, afondados por el peso de sus obras, lejanos a esa luz y ese cielo en que entran los de los pintores. En aquel patio había un desgraciado taller de fotograbado, y al fondo algo así como un guardamuebles.

Cuando sonaba la campanilla de su estudio aparecía Lipchitz, o desde la ventanita de su casa nos respondía su mujer. (Es muy de notar que la campanilla del estudio de Lipchitz era una de esas largas campanillas de mango colgante, con un contrapeso en el extremo; una de aquellas campanillas que se removían como un aspa de molino, oscilando violentamente; pobres campanillas serviciales, emprendedoras, turbulentas, que no sólo tocaban, sino que hacían en el interior de las casas vivos gestos de llamada, angustiosos gestos en las casas vacías.)

¡Qué hermosas cosas en aquel estudio! Las últimas, sobre todo, me dieron la impresión del ideal resuelto, como ideal sin seducciones de mujer, sino con puras seducciones de idea porque para Lipchitz la escultura es una fórmula, un A+B+C, de una sutileza trigonométrica, lejana, tanto de lo *bonito* como de lo *bello*, tan vicioso y tan hecho solamente de alardes, como lo bonito. Lipchitz consigue sólo cosas verdaderas y altas, de dimensiones verdaderas y esenciales. La única realidad que existe para Lipchitz es lo que ya es en realidad otra obra de la realidad, *super-realidad*, obra del milagro, aunque todos sus rasgos estén tornados, sin embargo, de la naturaleza. Sus doctrinas, verdaderamente puras, dan a los bloques de piedra en que trabaja una auténtica espiritualidad natural. La escultura para Lipchitz es una construcción. Plasmar gestos plásticos como escultura es una estupidez y un tópico, como lo es también recoger las formas triviales y aparentes que son roturas, quebraduras, parcialidades en las que falta mucho.

Al lado de las estúpidas y pretenciosas opiniones de otros escultores, opiniones profanas de quienes soban y soban a sus creaciones, a sus hombres y sus mujeres como a hombres y mujeres que son, ¡qué suprema y lejana es la de Lipchitz, tan remota a esa abyección de hozarse estúpidamente en la materia! La concepción de Lipchitz, la inmaculada concepción de su escultura es el verdadero renacimiento que surge después de los siglos mil de contemplaciones vanas, de círculos viciosos, de torpes tratos con la materia escultórica.

Viendo las cosas de Lipchitz en su piedra amarilla aparentemente como hecha de intercesiones de tejas con chaflanes, cartabones, reglas y largos listones dc piedra; viendo su austero –completamente austero– medio de representar, yo me asombraba de ver la heroicidad del hombre que va por toda la alta categoría sin fijarse en la asombrosa incomprensión de las gentes y en el deseo de lincharle que su obra provocará en las multitudes.

Con un piano que se levanta o que crece y que se rodea de sus adherencias necesarias, de sus aristas de proporciones justísimas, se puede dar la tristeza humana o el sentimiento que se desee –me decía él un día.

*

Yo quiero ser el maestro de mi materia –me decía también él–; y, en efecto, la madera, la piedra, todos los elementos los trata como un gran artesano de un gremio único.

*

Para mí una pirámide es lo mejor que existe –me decía otro día.

También suele decir:

Estuve triste hasta el día en que la providencia me inspiró esas cosas "aéreas, transparentes", que pueden verse y pueden conmovernos con todos sus aspectos presentes a la vez. Hoy vuelo con ese avión *más pesado que el aire*, que es la escultura.

¡Cómo he visto frente a la obra de Lipchitz que las formas escuetas, airosas, sobrepujadas, pueden ir al cielo, a buscar su paraíso! Tiene razón Lipchitz, ¡cuántas se pueden sacar del cuerpo!

Alma santa de Lipchitz que sale de esa tontería que da vueltas alrededor de sí misma en los maestros y que en él va hacia orientaciones luminosas y cuenta con la luz, con la que nunca se había contado en escultura como no se había contado con el espacio íntegro en pintura, y comprende que la escultura es una cosa que centra y coge la luz por su cuenta. ¡Cuándo se os hubiera ocurrido eso, ilustres papanatas! ¡Cómo es verdad que viendo las mismas esculturas maestras, se ve que las descompone la luz y que no están preparadas para *inteligir* la luz!

Las últimas obras de Lipchitz, aun siendo algo que no se levantaba mucho sobre el suelo, son como rascacielos eleva dísimos, que se elevan por la gallardía incesante hasta los cielos la escultura es playa o acantilado en que muere el arte.

Yo sé que esa frase me ha de costar represiones como el que lanza el grito regicida; pero lo digo con la misma fe anarquista en otro ideal.

En ese mausoleísmo del arte se levanta Lipchitz.

Texto escrito en 1929

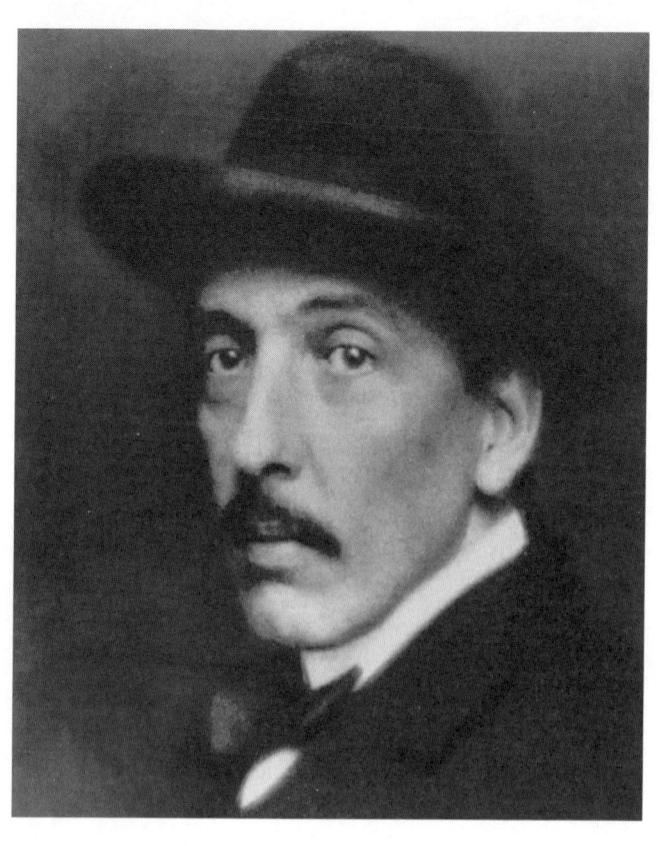

JUAN DE ECHEVARRÍA
(Bilbao, 1875 - Madrid, 1931)
Retratado hacia 1900

Juan Echevarría

Un viaje de vuelta a la patria después de muchos años de ausencia es encontrarse con la entronización de un pintor al que se quiso y en el que se creyó en la juventud.

Así el pintor que ha señalado mi viaje de reaparición es Juan Echevarría en su hora de justicia.

Fue en la pintura vasca el sereno creador que apareció como un oasis frente a la exageración zuloaguesca.

La pintura vasca siempre me había sido admirada, porque es una sorpresa chocante del color frente al hiperbóreo septentrión.

El vasco tiene esa eclosión, y cuando nos creemos que va bajo un paraguas anublador cierra el paraguas y surge una pintura ansiosa de color, desplegada en concepciones azules, verdeantes, con ráfagas de luz sobre barcas recién pintadas.

Dominadores del color y mis amigos fueron Arteta, Tellaeche, Gustavo Maeztu, los Zubiaurre y, sobre todo, el gran Iturrino, del que merecí cariñosa predilección y al que admiré profundamente.

Todos fueron un poco *pintores-mitos* en la pintura española, tránsfugas por causa de la mala crítica de su tiempo. Iturrino sobre todo.

Me acuerdo de los últimos tiempos de este pintor, que llegó a ser como un fantasma, estaférmico, con una luz de ocaso que deslumbraba.

Yo escribí frenéticamente sobre él, su pintura y sus aguafuertes cuando ya la gangrena le consumía y se apoyaba en una muleta como en un puntal de alto torreón.

El retratado por Evenepoel –Museo de Gante– fue el representante un día del español de intense rostro barbado y con su capa castiza que tan difícil le resultó pintar al pintor extranjero.

Era un Matisse precursivo lanzado a la locura andaluza del color, que pintaba odaliscas carnitransparentes en armonía con sombras azules de jardín y con claros de sol en arenales jardineros.

Un *marchand* insistente y guardador recibía sus telas y las iba amontonando con fe en el porvenir –lo mismo que hace ahora otro pintor Bores en París, esperando su hora de mayor justicia– y el gran pintor vasco vivía con soltura de pintar lo que quería. Así, pase lo que pase en la historia eventual de los días, estoy seguro de que está en la inmortal y es uno de los santos pintores del arco paradisíaco de la gloria.

En medio de esa buena tradición pictórica de los vascos, aparece a principios de siglo Juan de Echevarría con unos meros cuadros de gran proporción y un poco bituminosos –honduras de puerta y pescadores bajo la sombra de la galerna, como retablo de santero lleno de almas náufragas– que pocos recordarán, pero que yo en la entreguerras del 14 vi en Bilbao en el mismo salón en que di una de mis primeras conferencias.

En esa época conozco a Echevarría y se me queda grabado para siempre, pues él nunca hará nada que desdibuje su noble perfil y su altiva figura.

Ya entonces aparece con su nunca perdido rictus de sonriente amargura, espigado, señero, como yendo con cierta urgencia a todos los lados menos a un certamen en que esperase una medalla.

A través del tiempo, de viajes y de vueltas de viaje, Echevarría, sin tener en cuenta la España lenta, enmarañada y dificultosa, no perdía su entereza, su prestancia y su ideal.

Con su apellido, que era un equivalente en lo humano al nombre entre fluvial y marítimo de la ría bilbaína, llevaba como un dolor de costado la leyenda de su riqueza férrea –¿cáncer ferraureo?–: pero la flor se empeñó y consiguió salvarse a eso, superarse, ser flor del hierro.

El vasco, que no por ser rico deja de estar pleno de inquietudes espirituales, respondió en él al desinterés del Arte, a su inacabable martirio, olvidando su título de ingeniero y la holgura de su posición en su moliciosa ciudad natal.

Más allá del negro hierro había ventanas de fábrica que daban al delicado color de la vida.

Echevarría vivía asomado a ella, y tenía la timidez del que sabe que aun donando todo su dinero no podría nada contra la miseria del mundo.

De su meditación silente y plena comienzan a surgir esos perfectos cuadros que más que naturalezas muertas habría que llamar *rincones vivos*, íntima y pictóricamente conseguidos los consoladores ángulos –lo único consolador de aquel tiempo– del horizonte de la mesa en el cuarto de lectura y espera.

Eran impresionantes composiciones en cuyo éxtasis se escondía todo el problema intelectual y contemplativo del momento, la nostalgia alegre de España en el París triste, la melancolía mezclada a un buen regusto del seguir viviendo en usufructo y despedida de las cosas más amables.

En esos rincones de objetos, flores y libros estaba él abstraído, en reposo, acodado horas y horas pensando en el secreto del arte y de la vida, sin apremios económicos, dedicado a la especulación pura desde su alquimia de pintor.

No olvidaré la sensación de agradecimiento que nos producían sus cuadros como si fuesen regalos altruistas, confesionarios benévolos, finales de viaje.

Le esperábamos con avidez y nos solazábamos con aquellos vértices pictóricos, que si no estaban pintados con la paleta de Ingres lo estaban con el violín de Ingres, como si tocase la pulmonía de París en la paleta de su violín secreto, entre aquellos libros amarillos que eran representativos del entonces.

Pinta paisajes admirables, llenos de comprensión, como desde su propio nido en los árboles; pinta gitanas evitando el efectismo faralaesco de otros pintores y gitanas en que retenía el garabato de la extraña raza, otras gitanas que las gitanas de nadie, gitanas verdaderamente agitanadas.

Han pasado ya muchos años de consagración al pintor y se ve que el pintor puede hacer lo que quiere y retener la mira en vibración de supervivencia como aquel otro viajero de la variedad de España que se llama Regoyos.

Pero Echevarría va pasando puentes y puentes para llegar a una cosa todavía más firme que todas las cosas que ha pintado, como si hubiese ido entrenándose en la psicología de las cosas, los paisajes y los seres crudos de la vida costumbrista para llegar a la fina psicología del retrato de los más escogidos seres humanos.

Esa visita que iba a hacer y en cuya ruta le veíamos al pasar, era la visita a los seres de excepción que iba a retratar y que había escuchado en su larga tertulia de disquisiciones.

Con su cosa de gran señor burlón que atinaba a ver lo maniático de cada tipo y lo que había debajo de la exageración de cada escritor, plantó su caballete frente al sedentarismo de los escritores.

Su sofoco para encontrar el anhelo de ellos por ser inmortales le hizo superarse, dejándolos vivos, como esa función de su paradojismo, de sus contradicciones, de su tertulia polemista.

Su fina comprensión estaba como un retrato de él en el retrato de sus amigos.

Sus retratados con categoría espiritual se asoman del revés en sus cuadros, es decir, se asoman a la cueva de su alma, iluminándose con su luz interior y, sin embargo, envueltos con gran fuerza en su naturalidad exterior.

Son el producto de ese encontrarles y volverles a encontrar, comentando libros, circunstancias y quimeras, reteniendo sobre todo la impresión que le dieron desde lejos como símbolos de España.

Sabían quienes eran hasta la saciedad, los había leído a través de los años; pero siempre le había detenido el empaque de su fisonomía, la puerta labrada de su personalidad y ese obstáculo, esa irradiación transparente por un lado y opaca por otro, es lo que le emuló y le estimuló más, adiestrando sus pinceles hasta sonsacarles la incógnita con su captación de genio pictórico.

El psicologismo de las cosas que había interpretado en sus *rincones íntimos*, la profundidad de sus paisajes, hasta la gitanería lograda, todo le sirvió para dominar sus retratos de indeleble carácter y fijeza.

Parco en palabras y burlón, era, sobre todo, compasivo, y con estos retratos hay una admirativa compasión que les da mayor hondura.

En el retrato de Salaverría –el confundidor de su apellido en muchos distraídos– hay un retrueque secreto vasco a vasco.

Logró el retrato máximo de aquel escritor de alma seria y atónita, echando fuera al mismo tiempo la transferencia del Salaverría al Echevarría. El donostiarra enfrentándose con el guipuzcoano queda en clara balconada con vida y señorío.

Quiso que sus retratos fuesen como lienzos de Verónica que refrescasen a los escritores de sus cavilaciones, de su penosa exploración del estilo y de la idea en que les veía afanados.

Por eso aparecen en sus retratos unas huellas que están en relación con sus escrituras –como el dibujo de la letra queda en el secante– una intonsidad que iluminaáa sus figuras a lo largo de la posteridad, algo así como el estar despelujados después del insomnio y del delirio, en su gesto imperante, con los ojos irritados por el deseo de capturar el deseo.

La mudez de Azorín fue recogida por Echevarría con paleta de tempestad, dejando al gran escritor siluetado sobre el apeñuscamiento de Castilla en el horizonte. El pasmado Azorín, cuyo profundor se les ha escapado a muchos pintores, consigue en Echevarría su extática longitunidad, su largura del mirar que alcanza siglos y sobrevuela panoramas.

Valle-Inclán –el no sedente–, el menos sedentario de todos, revuela en el viento de América sobre montañas de

España y su poncho viajero le da el uniforme de explorador y aventurero que le gustaba ser.

Con algo de un Solana elegante, Echevarría tiene el pulso sereno y enrostra sus retratos como si viese, oyese y sintiese el intelecto de sus retratados y su ávida angustia.

Cumplió el deseo que tiene el puro español de tener un buen retrato como un puente entre la mortalidad y la inmortalidad, llegando a ser a veces tan insistente como aquel vasco que perseguía a Regoyos queriendo que le retratase.

La altivez del español de categoría calla quizá ese deseo, pero esta tan inmanente en él, que obra sobre el pintor y de algún modo misterioso le obliga, le fataliza, y por eso se puede llegar a pensar que los caballeros del Greco –silenciosos, magnetizantes y dando vuelta a su alrededor– le obligaron a pintarles, y así a otros grandes pintores, y así a Goya con rogativa de almas del purgatorio apelando a su amistad y a su generosidad para que les echase una mano y les salvase. El español sospecha que la mejor señal de que vamos a poder ser inmortales es que exista la posibilidad de retratarse.

Echevarría, insinuado por sus contemporáneos, mirado como un mediador entre su deseo de gloria y su consumición, acabó por poner al servicio de esa amistad de amistades que es el retratar al amigo, toda su sabiduría de pintor, de adivinante y de artista que busca, dejándose la vida entre paleta y lienzo, el arabesco de la autenticidad del parecido y del misterio del color. (1946)

Juan Gris

Voy a ocuparme de Juan Gris porque ahora se han cumplido treinta años de su muerte, no acaban de dar su retrato completo en las conmemoraciones y se les escapa, sobre todo, la primera época del artista medio malogrado.

Juan Gris tuvo una etapa madrileña de gran inquietud y siempre llevó el sello de aquella adolescencia de ojos martirizados.

No había entonces camino que hacer, pero los artistas tenían que destrozarlo y señalar con sus pasos la acera.

Juan Gris era un joven de singular figura y con la melena crecida.

En las veladas del Ateneo, mientras se atrevía el orador de turno a abrir el postigo que había disimulado detrás de la tribuna, apareciendo, como filtrándose por la pared, Juan Gris y algunos osados ateneístas que tomaban el patio de butacas del salón por la luneta de un teatro, se ponían de pie y desafiaban al resto del público poniendo la mirada, para disimular su erguidura agresiva, en las bellezas femeninas que se entreveraban entre los asiduos a las conferencias.

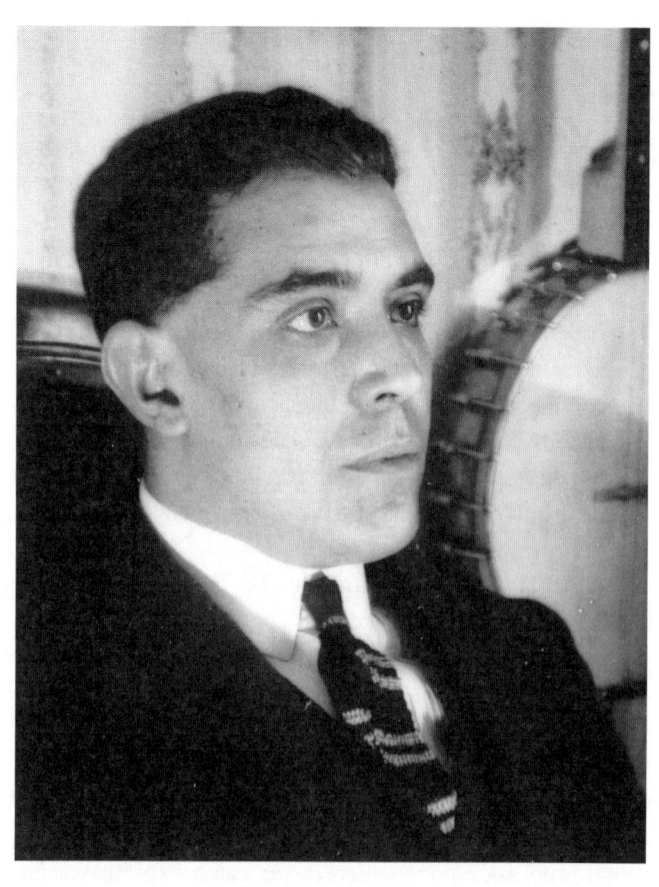

JUAN GRIS
(Madrid, 1887 - Boulogne-Billancourt, 1927)
Retratado por Man Ray en 1922

Juan Gris tenía un fuego juvenil que intentaba algo. En algunas exposiciones del Círculo de Bellas Artes –un saloncillo pequeño y con luz difusa– expuso algunas cosas en gris, como si su seudónimo hubiera sido elegido por amor a esa mezcla de las dos nadas del color, el blanco y el negro.

En el fondo de él, tan dibujante y explorador de signos, quizá fue acariciada la ilusión de sacrificarlo todo, ascéticamente, a los grises.

Yo me acuerdo vaga, pero indeleblemente, de algunos de aquellos cuadros en que la mancha grisácea rampaba con deseos misteriosos.

Bautizado con nombre de pintor que encubriría siempre su nombre verdadero de José González, vivía el destino de su propia prohijación.

Había nacido en Madrid el año 1887, como mezcla castellana y andaluza; había estudiado en buen colegio –fue compañero de los Bergamines–; pero el padre, militar de alta graduación, murió inesperadamente, y surgió la desorientación del hogar lleno de hijos, pues con el sumaban trece.

En esa hora primera de su bohemia, cuando se quiere lanzar definitivamente a la pintura, no le sonríe lo más mínimo el porvenir, pues sólo logra colocar algunos *ex libris* –inolvidables– para los primeros libros de los Machado y otros poetas que por entonces comienzan a tener editor.

En el afán de dar seguridad a sus hijos, los padres les habían encaminado hacia la ingeniera, pero eso provoca en ellos mayor rebeldía en cuanto hay un contratiempo, o las sirenas del ideal les llaman, y Juan Gris deja la Academia en que se preparaba, y como el servicio militar le reclama –África está volcánica–, se va a París definitivamente.

El abanderado del gris se ha ido a la Ciudad Gris a probar fortuna, ya que posee el lenguaje universal de la pintura.

En Madrid se nota su ausencia con desconsuelo, y ya no se destaca su silueta en pie en la Ópera de cámara para conferencias que era el salón del Ateneo.

Yo, como madrileño, sé lo que es un madrileño en París, y por eso he huido de París treinta veces.

Entró en el desafío del mundo que puede realizar el pintor desde la ciudad internacional, sonsacando de su espectro antiguo y moderno espectronomías sorprendentes.

Ya no iba a seguir haciendo ex-libris para el rey de los pobres poetas, para el covachuelista y magnánimo editor Pueyo, por veinticinco pesetas.

Allí estaba frente a unos Campos Elíseos grises, y él, que se llamaba Juan Gris, tenía que triunfar más o menos tarde, si sabía esperar.

Primero hace antesalas en las revistas ilustradas, en aquellos martes y viernes que la dirección ha fijado para recibir a todos los espontáneos con sus carpetas repletas de galanterías e insinuaciones creadas entre dos hambres, y de esa época son sus influencias en *Le temoin* y en *L'assiette du beurre*, revelando su fantasía y poniendo en su gris manchas rojas.

Larga y premiosa es su miseria, pero unido a Picasso como al maestro querido, comienza su difícil avatar.

Es la hora en que da la casualidad que el cubismo amanece gris, mezclado a pardos sucios, como nuevo tanteo que hace el arte en la greda primigenia.

Juan Gris ve el cielo abierto, y aunque sabe que la vida va a ser más abstinente y severa, deja las ilustraciones por los cuadros y comienza, con españolesco realismo inabandonable, la busca de lo abstracto.

El cubismo es entonces un costoso puesto en el desierto, pero la mayor seducción de la pintura es innovar sobre lo que el tiempo y los modelos innovan por su cuenta, gracias a lo cual las formas no incurren en letal monotonía.

En el fondo, la aspiración del cubismo es disciplinaria, procurando que haya en pintura algo más que rebeldía, algo construido sobre la rebeldía. Huyen los cubistas de la naturaleza como de un gran hospital, como si todo en ello fuese tumefacto. El cubismo lanza esa idea que es toda la audacia de lo moderno: el Arte debe "crear", no "imitar".

Así los hambrientos del Sena se enderezan, se dan esperanzas, se animan los unos a los otros.

Juan Gris era el testigo de buena fe, el seminarista español, el cenobita que estaba dispuesto a alimentarse con las raíces del cubo, parecido a aquel Simón de Lara al que dedicó este epitafio Quevedo:

Mitridates a beber
veneno se acostumbró,
porque los tósigos no
le pudiesen ofender.
Así tú, con mal comer,
oLara avaro, y no cenar,
te has sabido acostumbrar
en ayunas de manera
que no haya hambre tan fiera
que a ti te pueda matar.

Como español libre comenzó a tratar el cubismo por su cuenta y razón, y le salían cuadros fuera de la ley severa, pero con una expresividad conmovedora.

Era como un naturalista de aquellos que llegaban a América, meticulosos y clasificadores, y en su aspiración científica de ser un Rotingen, desintegraba la expresión de las cosas y estudiaba la morfología de los fruteros.

Vive de la profundidad de París y de las nostalgias de Madrid, y como él había visto en su niñez esos cuadros que se vendían junto a la verja del Buen Retiro, que, vareteados interiormente, eran mirados por un lado San José y por el otro la Purísima Concepción, divide su cuadro, también, en varetas verticales, y si por una franja se ve la perspectiva de la calle o del paisaje, por otras se ve la botella que hay sobre la mesa.

También recuerda las persianas madrileñas hechas de tiras de ligera chapa y dominadas por cadenas que permitían un juego de parpados entornados y abiertos. Con ese motivo como fondo pinta el cuadro que titula Celos y otros varios, entre los que estuvo un cartón que me envió de regalo desde París, destacando como entrevisto por esa persiana un libro: *El Rastro*, que yo acababa de publicar.

Vive como un empapelador febril la hora de las superposiciones, cuando como en burla de los naturalistas, pegan papeles imitando madera que artesanos anónimos habían fabricado que iba admirablemente, con todos sus pelos y señales. ¿Para qué iba a molestarse el artista en las esmeradas imitaciones de esas realidades que eran el suelo o la pared de su cuadro?

Como un atavismo de soldado español en Flandes, fraterniza de cuando en cuando con los flamencos, y había un rompiente de panoramas acabados en el abanico de sus cuadros.

Viviendo en la abstracción, pero sentado en un comedor triste, Juan Gris quiere vivir de los frascos de la sala del Museo de Historia Natural, sueño ideal de niño madrileño un tanto famélico.

No molestarse por la comida y abrir latas de sardinas, de atún o de caballa, mojando pan en su exquisito aceite submarino.

El pintor está en su elemento oleal y oleaginoso, y come como pintura en forma de pez, sobre su esmeraldino aceite de linaza. Ninguna amalgama entre pintura y condumio como la que celebra el artista comiendo conservas, entusiasta de la anchoa anillada que parece haber sido rizada por el pincel.

¿Qué mejor que el que Juan Gris preparado coma grises plateados, sin salir de casa, con el cartón preparado, fácil al lápiz, compuesto el difumino para establecer aquellos dibujos suyos tan personales, tan expectables, tan conserváticos?

Dura años de lentos inviernos y lentos otoños –el verano tiene siempre alborozo y baile de alegre *kermesse*– esa pintura de comedor en que pasaba el tiempo como una interminable sobremesa.

Pinta compoteras y botellas de rhum sobre el tapete adamascado, y para alegrar el conjunto, una de esas pipas de yeso que, al grito de "¡Traiga pipas nuevas!", pedía Baudelaire en su café, y le eran servidas como tulipanes emergiendo de un vaso.

En ese comedor le visito alguna vez, y como está dibujando un azucarero me hace el obsequio de dármelo –el dibujo– con su transparencia llena de terrones. (Todas esas posesiones, y mi retrato cubista por Rivera y algún aguafuerte de Gutiérrez Solana, más otros cuadros románticos, etcétera, fueron mi tributo a la guerra civil; quedaron detrás mío en la casa abandonada.)

También Picasso ha tenido su larga espera de comedor y también he visto sobre su mesa entapetada el frutero custodio, en que son exaltadas las frutas verdaderas que, como tuvieron que nacer con sol, conservaban, en el grisáceo París, esa legítima selección.

Más compoteras y más fruteros y, como adehala, el periódico que ha quedado sobre la mesa, y como capricho inaudito una guitarra o un cuaderno de papel de música, con los pentagramas vírgenes para la inspiración futura del músico fantasmal y flotante.

Entre sobremesa y sobremesa, la guerra que suena fuera impone tales restricciones, que para endulzar el café se hace el gesto extraño de echar en la taza sacarina líquida en una botella. ¡Adiós, azucarero!

Avanzando un poco más en el tiempo, surgen ya encargos que no son meras decoraciones de gran almacén, como aquella que le encargaron y que cumplió dejando caer, desde lo alto, las grandes piezas de seda y armonizando el más brillante conjunto de colores sólo con eso.

Vende algunos cuadros, le encargan un *ballet*, tiene admiradores que le ayudan. Se reúne con los que pasan el mismo calvario lento, María Blanchard y Lipchitz.

Junto a la pintura de duro aluminio de María, él quiere abarcar aún los hiperespacios.

Junto a Picasso, que era el eje, sus condiscípulos investigaban y se debatían como aletas de hélice de avión.

A veces salen del comedor y realizan esos veraneos tempraneros en pueblos que tienen un simbólico orgullo de estar sobre la mar o sobre el río, y allí paisajean juntos, amanecen a nuevas plasticidades y preparan cosas más ciertas que se venderán con más fijeza.

Juan Gris comienza a respirar y hace lo que hizo al comenzar, antes de su era puramente cubista, y surgen los bultos de presencia humana y en las naturalezas muertas hay dameros más alegres, y en el elegante cuarto tocador exalta un asiento de rejilla como el más vivo recuerdo de la viva realidad.

Metamorfosea el éxtasis antiguo en éxtasis moderno. Su consigna es que todo debe contar con forma actual para expresarse.

Sin embargo, se siguen viendo en sus cuadros fijezas antiguas, escudos, blasones divididos en cuarteles trinos y partidos en palio, que el había visto hasta la saciedad en los frontis de España.

Gertrudis Stein, la norteamericana llena de espíritu y generosidad que, después de animar a Picasso, estimula al simpático y bondadoso Juan Gris, ha escrito a propósito de él: "Pintaba naturalezas muertas no como una seducción, sino como una religión, puesto que la voluptuosidad de las cosas vistas como todo el mundo las ve, no emociona jamás el alma española."

La misma escritora dijo a buena hora: "El cubismo es una cosa puramente española. El verdadero cubismo es el de Picasso y Juan Gris. Picasso lo crea y Juan Gris le da su carácter de claridad y exaltación"; y el propio Picasso dice de él que es "un pintor que sabe lo que hace".

Trascendidos veraneos y guerras, ya se escapa Gris a la definición de Severini de que el arte es ciencia humanizada, y comienza a volver a sus figuras anecdóticas, a los carteles del gran circo de la vida, pintando los monstruos naturales que se esconden en el fondo de las cosas.

Ya suben a su casa damas con pieles caras y compran sus cuadros, coleccionándolos y comerciando con ellos inteligentes dueños de galerías de arte extranjeras.

Pero Juan Gris ha envejecido prematuramente en la penuria que llevó con tanta paciencia, y las latas de sardinas le han averiado la sangre, muriendo de todo eso y de un último arrechucho, en Boulogne-sur-Seine, el 11 de mayo de 1927.

Frente a su gran lección, y dejando aparte sus hallazgos geniales, diré, aunque parezca un abuso *a posteriori* de la evidencia fatal, que siempre había visto en él una cosa de malogrado bondadoso, de huérfano precipitado que iba a aprovechar unos años de París para cumplir su heroicidad y ser uno de los más inmortales precursores.

Por lo menos, al morir en 1927, se ahorró otras largas y crueles sobremesas de guerra frente a naturalezas más muertas y escasas que nunca, aunque mucho habría de haber esperado de él en el nuevo amanecer del mundo en que los artistas sufrientes de dos guerras volvieron a la posibilidad y trance de nuevas expresiones y vislumbres, definitivamente reconocido el genio de aquellos creadores de la primera hora de la que algunos cuantos fuimos testigos y admiradores.

Texto escrito en 1946

SALVADOR DALÍ

El fenómeno nuevo que concreta y diversifica como un magnífico espectáculo todos los secretos del surrealismo ha sido milagreado por otro español, por Salvador Dalí.

Puramente catalán, pleno de esa mañana rumbosa que sólo hay en Cataluña y que yo he saboreado muchas veces con admiración y fraternidad, hay que tener en cuenta ese dato porque de ahí sale en gran parte esa pasmosa juventud que hace prolífico ante el asombro del mundo a este jovencito genial que momentos antes de cerrarse la actualidad universal con la entrada de Norteamérica en la guerra, llenaba el escaparate del mundo, movía las grúas y las jirafas de Nueva York, influía en la pletórica capital de la civilización.

Dalí, con esa gran dignidad española que no admite el plagio, no tiene que ver nada con Picasso como modelo y sólo recibe la natural influencia de todo lo moderno sobre la renovada originalidad.

Dalí es el niño de una nueva especie.

Nace en Figueras (Cataluña) el 11 de mayo de 1904.

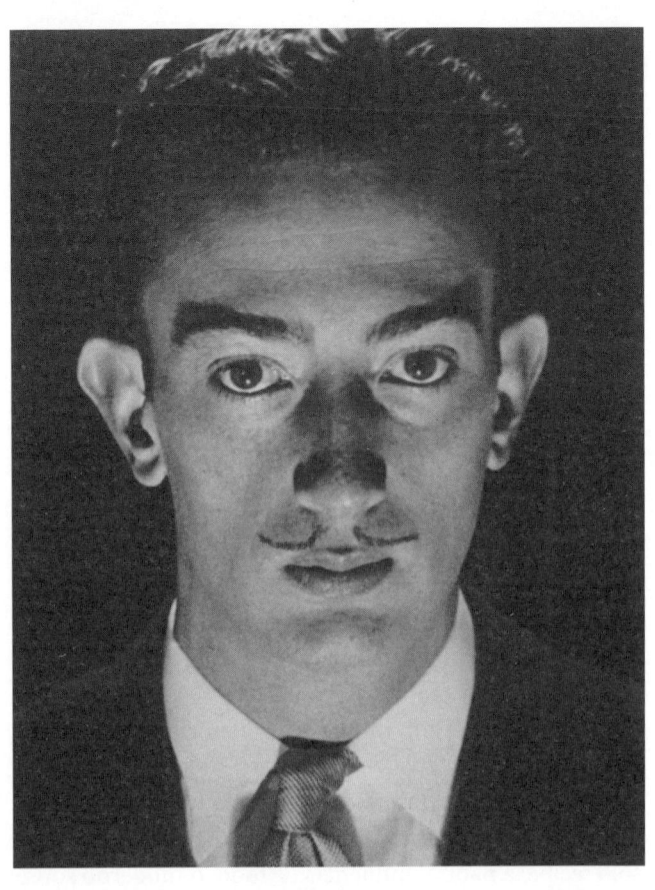

SALVADOR DALÍ
(Figueras, 1904 - 1989)
Retratado por Man Ray en 1929

Estudia en Madrid y se deja llevar de sus efusiones nítidas y no oculta que admira a Meissonier y huele las malvas reales de Mariano Fortuny, delirante pintor del siglo XIX.

El gran instinto de Dalí es el de no menoscabar sus impresiones de infante lleno de clarividencias, rápido en agarrar y soltar las cosas que le atraen, más rápido y franco que nadie al minuto, cien mil revoluciones de veces más que nadie.

Dalí fue un adolescente único que sigue siendo un adolescente.

En el capítulo del surrealismo le hemos visto andar con los apóstoles de la escuela, pero ahora vamos a aislar su caso.

Tengo que insistir, al hacer la silueta de Dalí coma jovencito avizorador, mojado en claras mañanas catalanas, de vuelta de una excursión con sus padres por París.

Un día, después de una exposición en que se presenta lo incomprensible, su padre, viudo, le pregunta qué extraño simbolismo hay en un cuadro en que se burla de su familia.

– No hay simbolismo... Es tal cual.

El padre entonces se despide del hijo, y Dalí entra en su calvario, sólo y como huérfano, como prestándose a cumplir por entero su destino de redimir de prejuicios al ser humano que está queriendo rebelarse.

No tiene miedo, puesto que ya le ha sucedido lo más que le puede suceder, y entonces da escándalos en la pacífica y hermosa Barcelona y la Junta Directiva del Ateneo Barcelonés dimite en pleno y Corominas me cuenta, consternado, en un banquete al que asisto esos días en la ciudad condal, todo el motivo de la contienda.

Yo no sé qué decirle y sonrío porque veo que hacia el porvenir no se camina sino así, rebasando con atropello el horizonte visible.

Dalí está en plena inquietud y bromea con España. Aparece en Málaga con un collar de jazmines y Gala tiene a gala bañarse sin traje de bario en la playa pudibunda. Unos días más, mientras los malagueños se dan cuenta de que es verdad lo que han visto sus ojos y Dalí ya está frente a las ventanas de sus cuadros en París, revelando las placas de lo supervisto.

Va más de prisa que nadie, con más derroche de osadía, con más técnica anatómica pictórica y botánica. No se imagina sólo sus monstruos, sino que los pinta con buena pintura haciendo plásticos sus muñones y consiguiendo la calidad reblandecida de su tiempo.

Se ve que son los nuevos jóvenes, y el animador séptico, pero diestro como él, sólo es Luis Buñuel, el autor del *Perro Andaluz*. Ese aragonés, con cara de estatua de excavación y anchos hombros –el doctor Sacristán se dio cuenta de que se abrochaba la chaqueta cruzada en sentido inverso a como suele abrocharse, o sea, que ya tenía la premeditación al revés– y en todas sus palabras, y sobre todo en su acción, es osado y de una rara inteligencia. (Yo compuse para él un escenario que se tituló *Chiffres* y cuyo guion se publicó en una revista de París.)

El vizconde Noailles protege a Dalí con carta blanca: compra sus cuadros, da dinero para un *film* del que después se asusta, pues los círculos aristocráticos le amenazan, pero siempre tiene su chalé abierto a todos ellos, pero en una forma original de dar hospedaje sin ver a sus huéspedes si prefieren estar independientes en sus habitaciones, y la piscina libre a todas horas.

Esas prebendas envalentonan al arte que se derrama en plena libertad y Dalí realiza todas las experiencias como en un mundo fácil y, de hecho, redimido.

Son días muy bellos de París en que todos aportan su descubrimiento, su colonización de los espacios secretos, sus nuevas fórmulas expansivas.

Vive con los poetas y entre ellos con ese admirable poeta autor de la *Rosa pública* y que se llama Paul Eluard. Tanto intiman, que la amada de Dalí, su Gala elegante y extrasutil, era la que había sido ideal de Paul Eluard.

Nada rompe la amistad y la admiración de estos artistas que viven somnámbulos, atraídos por algo más trascendental que las escaramuzas corrientes de la vida.

Sólo camina por el *boulevard* un antecedente suyo, el de Marcel Duchamps, dotado de esa originalidad absoluta que, como recuerda Breton, lleva a la conclusión de

Rimbaud: " soy mil veces el más rico, seamos avaros como la mar".

Duchamps es el inventor de los *ready made*, o sea, objetos manufacturados promovidos a la dignidad de objetos de arte por la elección del artista. Célebre es su seca botella como un puerco espín de raza superior y férrea y más célebre como creación y punto de partida –después de su "molinillo de café" de 1911– "*La mariée mis a nu par les célibataires*", mecanismo que entusiasma a Breton por cómo ha equilibrado, equitativamente, lo racional y lo irracional.

Dalí quiere "idealistas que no participen en ningún ideal", y con eso integra lo que el surrealismo dice: "La salud no está en ninguna parte."

Como todos los días arma una temática nueva, no importa que un día dijese que su escuela era "metafísica". (Siempre que se anuncia un tomo con el título de "¿Qué es la metafísica?", se suele agotar, por lo que se puede llegar a la conclusión definitiva de que, cuando nadie se puede transmitir la respuesta de lo que es eso, ni prestándose el libro, es que la metafísica es sólo un "negocio editorial".)

René Crevel –el que se suicidó en vísperas de un congreso comunista– el autor "Estáis locos?", es el que ha escrito mejor ensayo sobre Dalí "Dalí o el antioscurantismo", y el que sugirió la idea del "realismo extravagante".

Vio la vitalidad diversificada de Dalí porque él iba hacia la muerte atraído por el "impulso mortal" que Crevel oponía al "impulso vital". Él subraya las palabras que escribe Dalí en la *Mujer invisible*: "Yo creo que se acerca el momento en que por un proceso de carácter paranoico y activo del pensamiento, sea posible (simultáneamente al automatismo y a otros estados pasivos) sistematizar la confusión y contribuir al descrédito total del mundo de la realidad."

Réne Crevel ha visto las "lavas liberadas" que hay en Dalí y en sus panoramas.

Dalí comprende la belleza "terrorífica y comestible" de la arquitectura *modern style*.

Él es el que se extasió ante las creaciones neorrománticas de Antonio Gaudí –el viejo artista siempre de rodillas ante Dios, al lado de Dalí siempre de pie en el templo– y que sorprendió casas, adornos, atributos extraños del "subterráneo" de París. ¡Qué gran plato de arquitecturas diferentes encontraría en Buenos Aires! Se volvería loco al encontrar las cariátides de ensueño y las fachadas de encaje ingles en piedra y las cabelleras de cemento, etc.

La disparidad de gustos y reivindicaciones de Dalí es lo que le da más grandeza y así> tiene de pronto una súbita admiración de Böcklin, al que yo he visto en sus lienzos originales en Basilea y aún recuerdo la inquietud desorientada, la suposición de paisajes irreales entre luganeses y plutonianos que Dalí con su gran cariño legitima ahora.

Dalí ha devuelto la esperanza al arte y el arte es lo capital en la vida que pasa.

Así como al carbón se le ha llamado luz fósil, lo único que queda fosilizado de la luz espiritual y del aire y la fiesta de otro tiempo es el arte.

Lo único que si no existiese Dios iba a poner en el compromiso de Dios a la creación, es el arte con sus creaciones y sus signos amontonados.

Del conjunto del arte y la poesía, sería complejizada la gran suposición de Dios. Es la única trampa que se pone al tiempo para meterlo en una idea máxima.

Dalí, por esa liberación de los prejuicios y por no dejar que ninguna bruma contamine su neta visión, llega a la creación de la "imagen doble", es decir, "la representación de un objeto que, con la menor modificación figurativa o anatómica, sea al mismo tiempo la representación de otro objeto completamente diferente, libre también el de todo género de deformación o anormalidad que pueda descubrir cualquier artificio".

La imagen doble es el hallazgo técnico plástico de Dalí, y gracias a ella –un caballo que es al mismo tiempo la imagen de una mujer– se puede llegar prolongando coincidencias y pretextos, continuando ese proceso paranoico voluntario, a la existencia de otra y otra idea obsedante y alucinatoria –la imagen de un león, por ejemplo– aclaradora de instintos, lograra de deseos solidificados, hasta un número de imágenes limitado solamente por el grado de capacidad paranoica del pensamiento.

Gracias a Dalí y el surrealismo, vencida la estrechez del

concepto demencial y por ese camino logrado por túneles de luz, habría un nuevo redescubrimiento del mundo y un nuevo ensanchamiento y proliferación de sus playas.

El surrealismo logra en Dalí su más simpática liberación, su salida divertida y multípara.

Los excesos conducen a la sabiduría", ha dicho Blake, y por eso los excesos surrealistas conducen a una mayor superación de la paragüería del mundo.

Eleva el juguete a cosa transportadora, necesaria para transformarse, consolarse, luchar y vivir.

Logra lo que, según Maurois, daba Joyce, "el estremecimiento de lo ininteligible".

Es el sueño antes de la locura –la locura que no llega.

Todo es tributario de todo y esa litiasis del riñón está ligada con esa mancha que cubre la pared medianera de esa casa y que tiene círculos de especial gangrena en el espectáculo de los vecinos.

Eso o cosas como esas que poetizadas y ateniéndose a la idea de poetizar que lanzó Hebbel "poetizar no significa descifrar la vida, sino crearla".

Creación en lo absurdo, alegría, felicidad, todo fuera del razonamiento para lo que conviene recordar la definición de *belarte* por Macedonio Fernández: "Sólo es *belarte* aquella obra de la inteligencia que se proponga no un tópico o faz de la conciencia, sino la comunión de la certeza del ser de la conciencia en un todo y que para eso no se valga de raciocinios."

Nada de bailarinismo –el bailarinismo sólo con tomate– sino el marsupialismo, lo entrañable saliendo de cuevas, el nacimiento de la imagen por el agujero de la propia entraña marsupial.

Esa idea cumbre de Dalí que es lo marsupial –realizada entre otros cuadros en los centauros marsupiales–, revela una posibilidad en que la entraña abierta arroje sobre la vida homúnculos, *homosapiens*, niños nuevos y delirantes.

Yo añadiría a lo marsupial algo que está en el misterio de lo impar, lo ornitodelfo.

Los últimos descubrimientos de la ciencia en genética y en evolución es que el tipo nuevo de una especie a otra no puede ser preconizado, sino que es una aparición súbita, una metamorfosis inédita y original que aparece súbita e inesperadamente.

De acuerdo con eso, Dalí supone sus marsupiales humanos o centáuricos teniéndose en cuenta como elemental explicación que marsupial es en zoología el didelfo, que es el mamífero cuya hembra tiene las mamas y guarda sus crías como el canguro y la zarigüeya.

En esa entraña hueca, en esa hornacina en el pecho del marsupial supuesto habrá tesoros de misterios nuevos.

Mientras Duchamps viaja de incógnito con Tanguy, que podría ser otro antecedente de un momento, Dalí avanza, retrocede, tiene ecos de nostalgias y nostalgias de ecos, se mueve a la derecha, a la izquierda, desciende a todos los infiernos, remonta todos los cielos, realiza todas las suposiciones de él y de los otros, pero con más variedad y gracia que nadie, jugándose la vida a cada nuevo cartel de feria.

Sus calamares en su propia tinta, su pulpo vareado, sus políperos, sus cabezas madrepóricas, su mundo moluscar y conchífero –ostrícola es poco– se va esparciendo por las exposiciones.

El español es la diablura, la picardía, la inquietud inusada, el infantilismo puro, y eso hace que se evite que tomadas ciertas teorías por otros pueblos, se vuelvan académicas y sórdidas.

El español es así, pero, sin embargo, París es la ciudad cosmopolita que concentra un gas inencontrable en otros sitios y que provoca en las cabezas privilegiadas la génesis de las nuevas teorías.

Dalí encuentra allí sus espectros del *sex-appeal*, sus persistencias de la memoria, sus acomodaciones del deseo, sus conquistas de lo irracional, sus vértigos, sus dramas paranoicos, sus ondulaciones convulsivas, sus arcos de la histeria y su obsesión del Palladio y del *Angelus* de Millet.

Ivan Goll me va a ayudar a pintar unas escenas de su vida y a decir otras cosas sobre él:

Dalí visita a Freud en Londres, trazando de él un retrato más exacto de todo lo que podemos imaginar, y he aquí la frase que de él pudo recoger:

Por ahora se trata de buscar el consciente en los surrealistas y el inconsciente en Rafael.

Ese día fija la conversión de Dalí. Él vuelve hasta la pura tradición de los pintores españoles: Violencia y pasión. Después del Greco y Goya, después de Juan Gris y Picasso, va a mezclar en su paleta la sangre del Señor y el rojo de su tierra catalana.

Realismo extático que recuerda el de Valdés Leal, de la Iglesia de la Caridad en Sevilla, que no se arredra al pintar los gusanos y el muermo de los cadáveres. En el *Rostro de la guerra*, los cráneos de muerte engendran a su vez infinidad de cráneos, ciegos o tuertos, en los ojos horrorizados de su progenitura.

¿Acaso va Dalí a convertirse en el siervo, en el cómplice o en el disfraz de la realidad? Helo aquí que se atreve a pintar después de Van Gogh, y con un fervor centuplicado, un par de zapatos que expresan toda la desesperanza de la fatiga humana, toda la usura de la vejez. Pero que al mismo tiempo lucha victoriosamente contra la bajeza de la realidad y le opone abiertamente su autovacuna : ¡el amor! Puesto que es una idea genial la de colocar junto a los dos zapatos condenados para siempre al pie vivo y luminoso, la gracia triunfal de su diosa Gala. Y de la misma hebilla, deliciosa mente mordida por la serpiente de la gloria, emana la seducción que va a salvar al más humilde de los humildes.

De antemano, Gala y el amor son el simple secreto final de Dalí: desde que se trata de dibujarla con el lápiz, o más bien con la espuma de leche y el carbón, él crea esa especie de hada, tras de la cual languidece toda su vida.

Es por otros caminos por los que Dalí realiza la busca incesante de la quimera, lo que en el fondo es el amor y la gloria. Nuevas leyes rigen el arte, ¿por qué empeñarse en que lo rijan leyes que no por viejas estaban ungidas de eternidad?

"En lo inconsciente –ha dicho Freud–, todo pensamiento está unido a su contrario." Esa hermandad de lo contradictorio –cuando en el pasado siempre se tendía a deshermanarlo– es la gran empresa surrealista.

Los que ven a estos artistas de lo incomprensible desde fuera, los creen escépticos de su arte y sostienen que no entienden lo que han hecho.

Dalí sabe lo que hace y lo entiende.

Este hombre que sueña despierto y que ve una realidad tan exúbera que ha inventado las horquillas –como las de la parva– para sostener su prepotencia, va y vuelve al campo, y como Miró y como un día Picasso, en el maravilloso campo catalán concibe sus damnaciones del arte, como si la Naturaleza quisiera ser otra Naturaleza, salvarse de ser siempre esa cosa saludable y monótona que se llama la Naturaleza.

Dalí es incansable en teorías y entre un viaje y otro lanza su teoría del huevo y la perla.

En arte hay que oponer la perla al huevo.

Según Dalí, en el huevo la idea se entrega enteramente y sin condiciones a la luz, mientras que en la perla pasa exactamente lo contrario: es la luz la que se entrega en cuerpo y alma hasta la última gota de su iridiscencia. Oponer la perla al huevo es como oponer a la idea contemplativa platónica de la escultura la idea paranoica crítica del objeto espectral.

Ve Dalí en la perla la forma dulcemente abollada de los cráneos, teniendo como ellos la marca lúgubremente irregular de la presión de los dedos del creador y siendo precisamente sobre este miniatural cráneo, sobre este diminuto bucéfalo de la perla, sobre el que brilla de un modo irresistible la más paralizante de las sonrisas, la sonrisa luminosa, la irisación, el espectro.

Hay que elevar esa condición de la perla, que es, según Dalí, el espectro mismo del cráneo, "de este cráneo que al final de la putrefacción afrodisiaca y vermicular queda redondo, neto y pelado, como el residuo y la concreción de la enlodada, nutritiva, magnífica, pegajosa, oscura y verdosa ostra de la muerte".

Esa luz de la perla, que no está dispuesta a dejarse contemplar ni tocar por el "pensamiento escultural", como lo deseaba Platón, es lo que hace delirar a Dalí, que, como él confiesa, no se alimenta de las llamadas ideas luminosas, corrientes, porque las ideas luminosas ya no tienen sol, sino el luor medusiano del fondo del mar.

Como se ve, en Dalí palpita lo extraordinario, y su estilo tiene algo de un Shakespeare de nuestros días. Eso es teorizar y esa comparación de la perla con el cráneo y su impronta, en la que queda el toque de los dedos de Dios, es una imagen admirable.

Al margen de sus cuadros, en los papeles que sobran en los *blocs* inagotables, escribe versos que aventajan en detalle y suposición a los de los poetas de su misma escuela (por eso se pudo casar con Gala, que era la esposa de Paul Eluard).

FOLLETO ACUNADO
CUNA EN RUSTICA

Folleto perdura
al mismo tiempo declinando
una taza
una taza portuguesa cualquiera
que se fabrica hoy
en una fábrica de vajillas
pues una taza
se parece por su forma
a una dulce antinomia municipal árabe
montada al final del alrededor
como la mirada de mi bella Gala
la mirada de mi bella Gala
olor de litro

como el tisú epitelial de mi bella Gala
su tisú epitelial chocarrero y lamparista
sí, yo lo repetiría mil veces.

Todo lo que pinta se vuelve enigmático y prodigio claro.
Los nuevos mitos sólo la pintura, su pintura, los va dando como un alimento imprescindible para algunos.

Sus paisajes se vuelven antropomorfos, angélicomorfos, fantasmales –el fantasma sólo es un cacharro caído en medio de su planicie.

Dalí es el artista que vive fuera del tiempo y en el tiempo a la par como nadie.

De su sueño y de su vigilia, que también es sueño, salen muchas cosas, porque el dormido se vuelve todopoderoso física y espiritualmente.

Es el momento en que Federico García Lorca le dedica un poema:

ODA A SALVADOR DALI

Una rosa en el alto jardín que tu deseas.
Una rueda en la pura sintaxis del acero.
Desnuda la montaña de niebla impresionista.
Los grises oteando sus balaustradas últimas.

Los pintores modernos, en sus blancos estudios,
cortan la flor aséptica de la raíz cuadrada.

En las aguas del Sena un *iceberg* de mármol
enfría las ventanas y disipa las yedras.

El hombre pisa fuerte las calles enlosadas.
Los cristales esquivan la magia del reflejo.
El Gobierno ha cerrado las tiendas de perfume.
La máquina eterniza sus compases binarios.

Una ausencia de bosques, biombos y entrecejos
yerra por los tejados de las casas antiguas.
El aire pulimenta su prisma sobre el mar
y el horizonte sube como un gran acueducto.

Marineros que ignoran el vino y la penumbra
decapitan sirenas en los mares de plomo.
La Noche, negra estatua de la prudencia, tiene
el espejo redondo de la luna en su mano.

Un deseo de formas y límites nos gana.
Viene el hombre que mira con el metro amarillo.
Venus es una blanca naturaleza muerta
y los coleccionistas de mariposas huyen.

Cadaqués, en el fiel del agua y la colina,
eleva escalinatas y oculta caracolas.
Las flautas de madera pacifican el aire.
Un viejo dios silvestre da frutas a los niños.

Sus pescadores duermen, sin ensueño, en la arena.
En alta mar les sirve de brújula una rosa.
El horizonte virgen de pañuelos heridos
junta los grandes vidrios del pez y de la luna.

Una dura corona de blancos bergantines
ciñe frentes amargas y cabellos de arena.
Las sirenas convencen, pero no sugestionan,
y salen si mostramos un vaso de agua dulce.

¡Oh Salvador Dalí, de voz aceitunada!
No elogio tu imperfecto pincel adolescente
ni tu color que ronda la color de tu tiempo,
pero alabo tus ansias de eterno limitado.

Alma higiénica, vives sobre mármoles nuevos.
Huyes la oscura selva de formas increíbles.
Tu fantasía llega donde llegan tus manos,
y gozas el soneto del mar en tu ventana.

El mundo tiene sordas penumbras y desorden,
en los primeros términos que el humano frecuenta.
Pero ya las estrellas ocultando paisajes,
señalan el esquema perfecto de sus órbitas.

La corriente del tiempo se remansa y ordena
en las formas numéricas de un siglo y otro siglo.

Y la Muerte vencida se refugia temblando
en el círculo estrecho del minuto presente.

Al coger tu paleta, con un tiro en un ala,
pides la luz que anima la copa del olivo.
Ancha luz de Minerva, constructora de andamios,
donde no cabe el sueño ni su flora inexacta.

Pides la luz antigua que se queda en la frente,
sin bajar a la boca ni al corazón del hombre.
Luz que temen las vides entrañables de Baco
y la fuerza sin orden que lleva el agua curva.

Haces bien en poner banderines de aviso,
en el límite oscuro que relumbra de noche.
Como pintor no quieres que te ablande la forma
el algodón cambiante de una nube imprevista.

El pez en la pecera y el pájaro en la jaula.
No quieres inventarlos en el mar o en el viento.
Estilizas o copias después de haber mirado
con honestas pupilas sus cuerpecillos ágiles.

Amas una materia definida y exacta
donde el hongo no pueda poner su campamento.
Amas la arquitectura que construye en lo ausente
y admites la bandera como una simple broma.

Dice el compás de acero su corto verso elástico.
Desconocidas islas desmienten ya la esfera.
Dice la línea recta su vertical esfuerzo
y los sabios cristales cantan sus geometrías.

Pero también la rosa del jardín donde vives.
¡Siempre la rosa, siempre, norte y sur de nosotros!
Tranquila y concentrada como una estatua ciega,
ignorante de esfuerzos soterrados que causa.

Rosa pura que limpia de artificios y croquis
y nos abre las alas tenues de la sonrisa.
(Mariposa clavada que medita su vuelo.)
Rosa del equilibrio sin dolores buscados.
¡Siempre la rosa!

¡Oh Salvador Dalí de voz aceitunada!
Digo lo que me dicen tu persona y tus cuadros.
No alabo tu imperfecto pincel adolescente,
pero canto la firme dirección de tus flechas.

Canto tu bello esfuerzo de luces catalanas,
tu amor a lo que tiene explicación posible.
Canto tu corazón astronómico y tierno,
de baraja francesa y sin ninguna herida.

Canto el ansia de estatua que persigues sin tregua
el miedo a la emoción que te aguarda en la calle.
Canto la sirenita de la mar que te canta
montada en bicicleta de corales y conchas.

Pero ante todo canto un común pensamiento
que nos une en las horas oscuras y doradas.
No es el Arte la luz que nos ciega los ojos.
Es primero el amor, la amistad o la esgrima.

Es primero que el cuadro que paciente dibujas
el seno de Teresa, la de cutis insomne,
el apretado bucle de Matilde la ingrata,
nuestra amistad pintada como un juego de oca.

Huellas dactilográficas de sangre sobre el oro
rayen el corazón de Cataluña eterna.
Estrellas como puños sin halcón te relumbren,
mientras que tu pintura y tu vida florecen.

No mires la clepsidra con alas membranosas,
ni la dura guadaña de las alegorías.
Viste y desnuda siempre tu pincel en el aire,
frente a la mar poblada con barcos y marinos.

A veces parece un hombre cruel y, sin embargo, es el
hombre que no quiere olvidar nada de lo que le enterne-

ció y lo quiere encontrar sin confusiones en lo más verdadero, no en lo que le predicaban "que le debí gustar", sino en lo que le gustó a él sólo.

Eleva al cubo lo imaginario, lo obsedante, el gallo, el paraguas, la mesita de luz, la mesa de noche.

Dalí practica la realización sublimada de sus deseos, tribulaciones y delicias infantiles. (Lo que más hubiera querido ser es canguro, y más siendo pintor que no sabe cómo llevar sus cajas y cartapacios.)

Ha descubierto y proclamado un mundo, ha expansionado las estalactitas del deseo y aunque se dé un valor escatológico a su juego de llaves –las llaves que aparecen constantemente en sus cuadros–, la verdad que significa su gran facultad de hombre llavero para todas las ideas, las asociaciones de imágenes, las insinuaciones.

Yo, que conozco su primera obra de pintor naturalista perfecto, sé que su transfiguración voluntaria ha sido como si Velázquez se hubiera prestado al cubismo. Por eso añade pintura lograda al tema como cuando el poeta añade al tema dramático verso y verso bueno.

Pero esta biografía sería interminable porque se enracima constantemente de problemas.

Una visión de su última época y se acabó.

Los noticiarios periodísticos ayudarán a pintar su zarabanda última, momentos antes de que la guerra meta a todo en su silencio y sus truenos.

Dicen :

"En la galena Julien Levy, de Nueva York, realizó una exposición de sus obras el pintor surrealista Salvador Dalí. Algunos periodistas que lo visitaron lo encontraron examinando algunas fotografías que se propone utilizar en una obra autobiográfica concebida con fines de propaganda.

"Salvador Dalí enseñó a los periodistas sus últimas telas, explicándoles que seis de ellas habían sido pintadas en Virginia y las dieciséis restantes en Arcachon (Francia). Su actual exposición, según Dalí, denota su regreso a las influencias clásicas y señala el ascendiente de Ribera y Leonardo, entre otros. Y les mostró un lienzo titulado *Familia de centauros marsupiales* que, en opinión de sus observadores, lleva muy bien su título."

Se habla de cuando se presentó de buzo y de cuando se presentó vestido de esgrimista y cuando recibe a los periodistas norteamericanos mete su cabeza en las quijadas de un animal fósil.

Otro diario dice:

"Dalí realizó su descubrimiento de Cristóbal Colón en relación con el *Taxi à Pleuvoir* ("Auto de alquiler para llover"), cuadro que figuró en su exposición surrealista. E*l sueño de Venus de Dalí*, en la Feria Mundial de Nueva York. Sin embargo, hay una serie de cuadros que tuvieron más éxito que la de Colón: son 17 sirenas vivas, que llevan aletas y colas surrealistas, y además de eso, casi nada: todas juegan en una sala, dentro del agua de un acuario.

En la habitación hay un piano cuyo teclado tiene la forma de un cuerpo de mujer, teléfonos, máquinas de escribir, una chimenea y una vaca. Todos los muebles están hechos de goma y se agitan tumultuosamente, mientras las jóvenes –" las señoritas líquidas", como prefiere llamarlas Dalí– nadan, tocan el piano, hablan por teléfono, escriben a máquina, encienden fuego en la chimenea y, de cuando en cuando distraídamente y como sin darle importancia, ordeñan la vaca. En sus ratos de ocio, una de las sirenas lee el libro de Julien Levy sobre el surrealismo y dice: "Me gusta saber exactamente lo que estoy haciendo".

Otro reportaje comunica:

"Los críticos de Nueva York están todos de acuerdo en ponderar su gran habilidad de dibujante y su sentido del color, pero también todos en coro se lamentan de que su gran talento esté consagrado a la exploración "artística" de lo irreal. A pesar de todo, Dalí es en la actualidad uno de los pintores jóvenes más ricos. Durante una de sus exposiciones recientes vendió 21 cuadros, de 27 que exponía, en 25.000 dólares (100.000 pesos), y actualmente se halla escribiendo un libro titulado *La vida secreta de Salvador Dalí*, que nos ofrecerá una nueva serie de enigmas que nadie podrá desentrañar, ¡ni siquiera Dalí!

"El principio freudiano que rige a un surrealista consiste en liberarse de sus terrores subconscientes expresándolos por medio de la pluma, la palabra o el pincel, hasta que se vuelvan inofensivos. En su niñez, Dalí parece haber sido aterrorizado por un sinfín de cosas y esta aún convencido de que el único objeto de cualquier cosa o ser viviente es aterrorizarle."

* * *

Así llegamos al estreno de su *ballet* titulado *Bacanal* y de la gran explosión del subterráneo de la Ducamalia.

Preocupado de antiguo con Wagner y con el inquietante Luis II de Baviera, se apoya en Tannhauser v crea una coreografía misteriosa y llena de paraguas.

Contra psicóloga opone psicoanálisis y con la última nota de Wagner se abre el paraguas más pequeño de la serie, en esa procesión que fue la murcielagomanía del enloquecido Luis II.

Hasta llega a influir en las películas.

Así, en una película última, el protagonista, al pedir una mujer ideal para el amor, la pide "con hormigas". "¡Que tenga hormigas!"

Las hormigas representan el nerviosismo, la inquietud graciosa e incesante, el anhelo amoroso exacerbado.

Frente a la mujer estacionaria, apática, "frígida", congelada, hay que desear la mujer con hormigas, pero que no sea hormiguita, es decir, ahorratriz a espaldas nuestras, económica a expensas de nuestro optimista *menu*.

Claro que se corre el peligro de que la mujer "con hormigas" se vuelva demasiado "hormigosa" y se exceda en su coquetería.

– ¿No la quería usted "con hormigas" ?

– Sí, ¡pero no tanto! Este es un hormigueo salido de madre.

– Actué usted de oso hormiguero.

– Hay que haber nacido para eso.

– ¿Entonces, qué va usted a hacer?

– Emplear un hormiguicida.

– Le llamarán uxoricida y le meterán en la cárcel.

La imagen de la hormiga como excitación aparece constantemente en los cuadros de Dalí, donde hay relojes con hormigas y orejas hormigadas.

En realidad, la sensación vital es que nos recorren hormigas –y los glóbulos rojos son como hormigas–, así como la sensación última de que la vida se nos va, es la que el hormigueo nos deja y busca su primitivo cobijo en el fondo de la tierra.

Mientras tan gran comprendedor sorprende las nuevas formas de la inconsciencia en la nueva playa del tiempo, pues el tiempo trae nuevos mundos, nuevos mares y, por ende, nuevas playas, vivamos confiados.

Si el arte futuro se va a mantener a sorpresa diaria –¡qué mejor que las sorpresas, base de todo espectáculo nuevo!–, se deben a un pintor español, a otro pintor español: Dalí.

Nos llegan su obra y la imitación de su obra mucho más en creces, sembradora de la nueva especie en todos los mundos.

Dalí ha puesto a la pintura en el camino de los hallazgos, de las nuevas revueltas, de los mundos revuelos, de los sueños, de lo subconsciente llevando a la pintura a donde no se la llevó nunca.

En este parecer que no se hace nada durante la guerra, se está fraguando el puro surrealismo, como cuando se firmó el armisticio fue cubismo lo que señaló el arco iris de la nueva época.

Todo se va juntando en una nueva línea del nuevo *Art nouveau*.

Esperemos. Estamos en una parada de la procesión del arte, una de estas paradas que parece que van a ser eternas, pero que, como el tiempo es largo y sin impaciencias, en seguida se resarce y vuelve a ponerse en marcha.

El arte español ha visto siglos de gloria y siglos de silencio y siempre ha continuado impertérrito construyendo, esculpiendo, pintando, jalonando las épocas.

Texto escrito en 1943

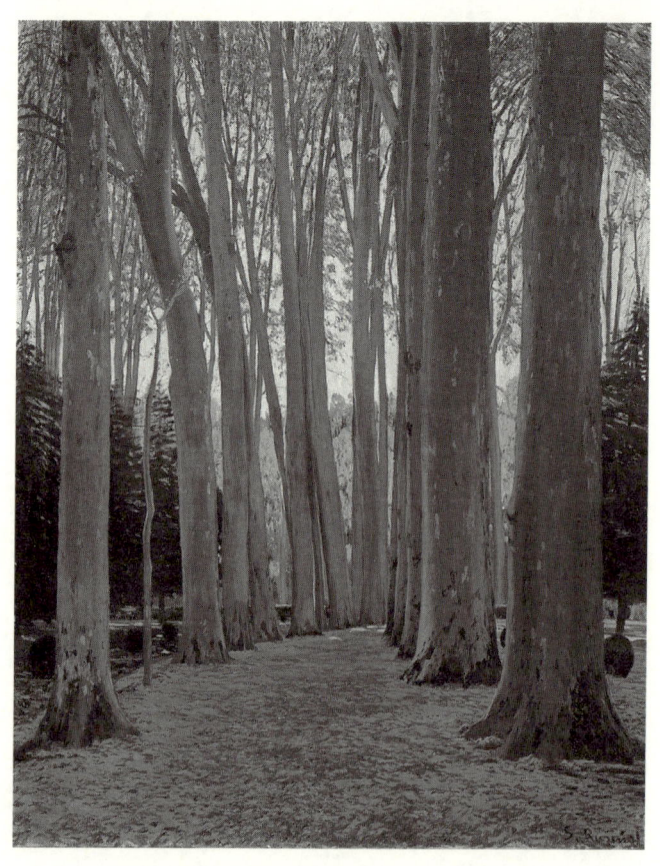

Santiago Rusiñol, *Paseo de los plátanos*, 1916
Fundación Banco de Santander, Madrid

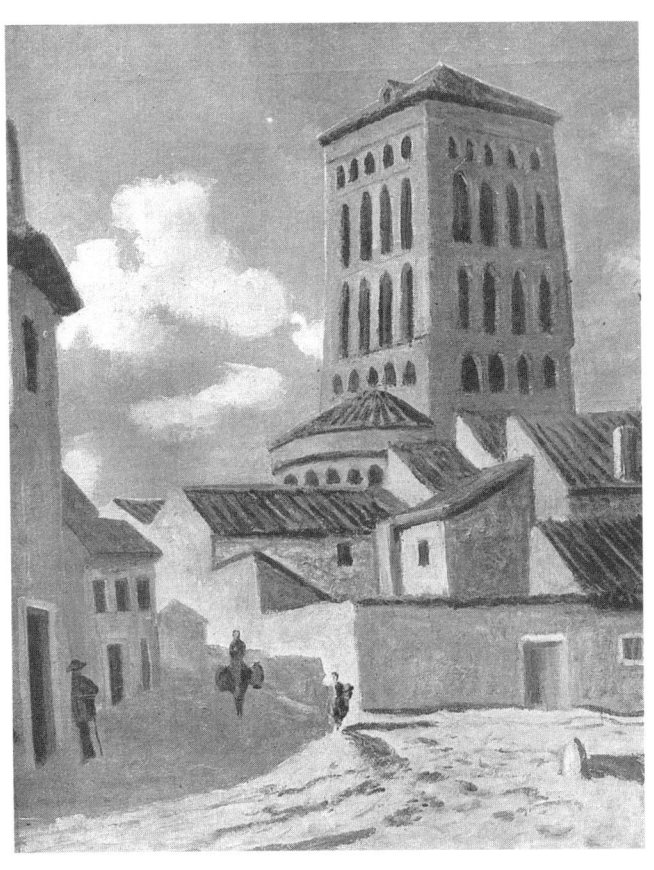

Darío de Regoyos, *Una calle de Sahagún*, 1920
Para la revista *La Esfera*, Madrid

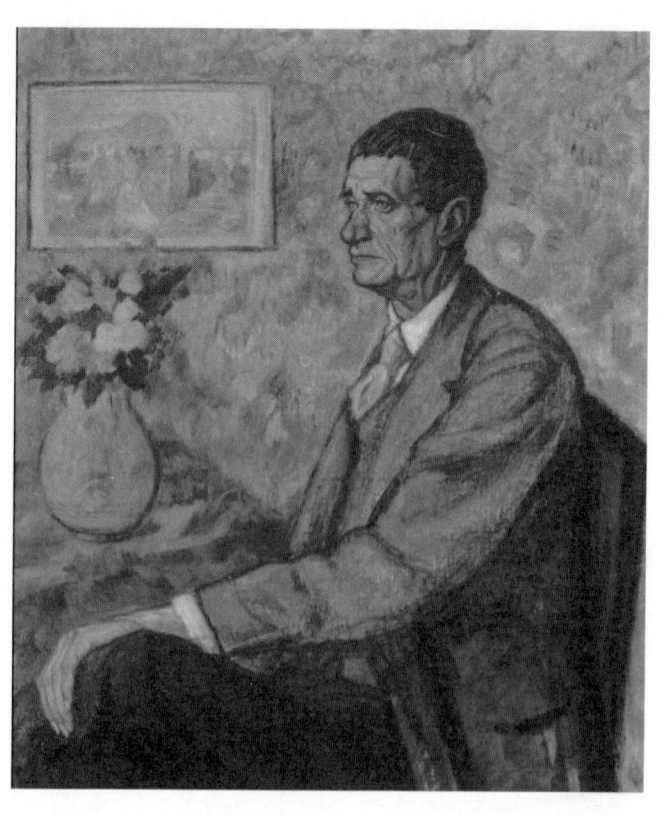

Juan de Echevarría, *Retrato de Francisco Iturrino*, 1919
Museo Reina Sofía, Madrid

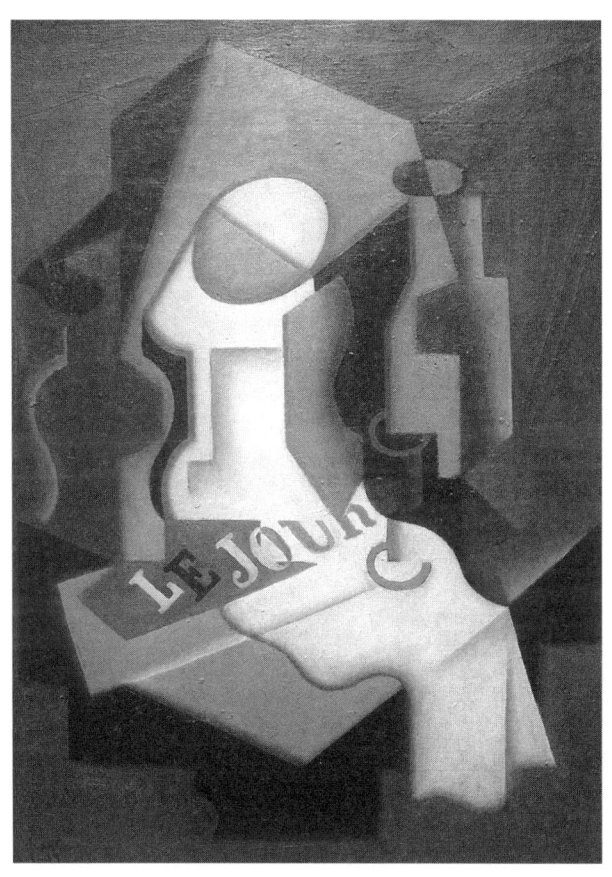

Juan Gris, *Botella y frutero*, 1919
Museo Thyssen-Bornemisza, Madrid

Juan Gris *Posibilidades de la pintura*

Richard Wagner *Arte y revolución*

Georg Simmel *Filosofía del paisaje*

Amedeo Modigliani *Retratos*

Walter Benjamin *Surrealismo*

Carl Einstein *Los expresionistas alemanes*

Georg Simmel *Roma, Florencia, Venecia*

Gertrude Stein *Picasso*

Ramón Gómez de la Serna *Humorismo*

Georges Bataille *La oreja de van Gogh*

Georg Simmel *El rostro y el retrato*

Antonin Artaud *Balthus*

Theo van Doesburg *¿Qué es Dadá?*

Toulouse-Lautrec *Ellas*

Miguel de Unamuno *Zuloaga y la pintura*

Darío de Regoyos *España negra*

Georg Simmel *Filosofía de la moda*

C.R. Mackintosh *La arquitectura verdadera*

Merleau-Ponty *La duda de Cézanne*

Marcel Proust *Pintores*

André Breton *¿Qué es el surrealismo?*

Oskar Schlemmer *El teatro de la Bauhaus*

Émile Verhaeren *James Ensor: el pintor de las máscaras*

www.casimirolibros.es